DEVOCIONAL

365

ENSINAMENTOS PODEROSOS

CAFÉ COM

JONATHAN EDWARDS

15 MINUTOS DIÁRIOS PARA SE CONECTAR COM DEUS

KING BOOKS

CB029131

CONHEÇA NOSSO LIVROS
ACESSANDO AQUI!

Copyright desta tradução © IBC - Instituto Brasileiro De Cultura, 2024

Reservados todos os direitos desta tradução e produção, pela lei 9.610 de 19.2.1998.

1ª Impressão 2025

Presidente: Paulo Roberto Houch
MTB 0083982/SP

Coordenação Editorial: Priscilla Sipans
Coordenação de Arte: Rubens Martim (capa)
Tradução: Murilo Oliveira de Castro Coelho
Preparação de Texto: MC Coelho - Produção Editorial
Apoio de Revisão: Leonan Mariano e Lilian Rozati

Vendas: Tel.: (11) 3393-7727 (comercial2@editoraonline.com.br)

Foi feito o depósito legal.
Impresso no Brasil.

Dados Internacionais de Catalogação na Publicação (CIP) de acordo com ISBD		
C181g	Edwards, Jonathan	
	Café com Jonathan Edwards / Jonathan Edwards. – Barueri : Editora King Books, 2024. 160 p. ; 15,1cm x 23cm.	
	ISBN: 978-65-981421-6-2	
	1. Filosofia. 2. Jonathan Edwards. I. Título.	
2024-2039		CDD 100 CDU 1
Elaborado por Vagner Rodolfo da Silva - CRB-8/9410		

IBC — Instituto Brasileiro de Cultura LTDA
CNPJ 04.207.648/0001-94
Avenida Juruá, 762 --- Alphaville Industrial
CEP. 06455-010 — Barueri/SP
www.editoraonline.com.br

SUMÁRIO

APRESENTAÇÃO

Trechos da obra que reúne milhares de sermões de Jonathan Edwards (1703-1758), o pregador puritano do século XVIII que se tornou um dos teólogos mais famosos dos Estados Unidos, são disponibilizados neste livro para que cristãos e cristãs tenham uma leitura devocional capaz de estimular o reavivamento de sua fé, tal como ocorreu durante o Grande Despertar da América, em que um sermão inflamado de Edwards, intitulado "Sinners in the hands of an angry God" (Pecadores nas mãos de um Deus irado), reorientou a devoção dos calvinistas que viviam nas 13 Colônias.

Reconhecido como uma das mais importantes personalidades religiosas estadunidenses, Jonathan Edwards atrai o interesse dos evangélicos conservadores, aqueles que ainda hoje sentem a necessidade de cultuar uma religião mais pura, motivo de terem sido chamados de puritanos no período logo após a Reforma Protestante.

Alguns cristãos modernos sentem o chamado ao arrependimento e alteram suas condutas pelo simples fato de darem ouvidos às exortações proferidas por Edwards, pastor que escreveu milhares de sermões a respeito do comportamento que aqueles que professam a fé em Cristo devem ter, bem como se notabilizou por pregar a salvação pela graça de Deus, renovando, assim, a esperança dos seguidores redimidos, os quais recebem a vida eterna através do sacrifício de Jesus.

Nas páginas a seguir, os leitores encontrarão pequenos trechos traduzidos para o português dos sermões desse pregador que reconectou – e ainda reconecta – milhões de crentes ao redor do mundo com o Salvador. Para cada dia do ano, haverá um texto que promoverá a aproximação com o Altíssimo, mesmo aqueles que sirvam como admoestação para aprimorar a devoção deles com o Redentor.

Segundo Paul Helm, em *The New International Dictionary of the Christian Church*, (Grand Rapids: Zondervan, 1978), "Jonathan Edwards passou a despertar enorme interesse entre os estudiosos a partir do início da década de 1930, graças ao trabalho de pesquisadores como Perry Miller, que o caracterizou como 'o maior filósofo-teólogo que já adornou o cenário americano'".

Em artigo publicado no site da National Association of Free Will Baptists (associação da denominação Batista que ensina a salvação por meio da graça, dotada de livre-arbítrio), o pastor Paul V. Harrison declarou que: "Fora das Escrituras, nunca li sermões melhores do que aqueles proferidos por Jonathan Edwards", ao explicar que Edwards cresceu na casa de um pregador, formou-se em Yale e tornou-se pastor da igreja Congregacional em Northampton, Massachusetts, EUA, onde seu avô Solomon Stoddard serviu por 60 anos. Edwards ministrou a esse rebanho por cerca de 24 anos, vendo centenas de conversões durante um movimento conhecido como o Grande Despertar. Apesar disso, sua congregação ao demitiu por considerar sua teologia deturpada. Depois de um curto período como missionário entre os nativos americanos, ele aceitou a Presidência do College of New Jersey (hoje, Princeton), antes de sua morte, quando tinha apenas 54 anos de idade, por causa de uma inoculação contra varíola que deu errado.

Os manuscritos que a Universidade Yale mantém mostram como Edwards elaborava trabalhos científicos e filosóficos refutando o materialismo e o ateísmo (Filosofia Natural). Ao longo de sua vida, registrou seus pensamentos em numerosos cadernos escritos à mão, nos quais confessa que, desde a infância, sua mente "estava cheia de objeções" contra a doutrina da predestinação — isto é, que Deus soberanamente escolhe alguns para a salvação, mas rejeita outros para o tormento eterno. Embora tenha gradualmente resolvido as suas objecções intelectuais, foi apenas com a sua conversão (no início de 1721) que ele chegou a uma "convicção encantadora" da soberania divina, a um "novo sentido" da glória de Deus revelada nas Escrituras e na natureza (SCHAFER, Thomas A. Encyclopædia Britannica).

Em razão de Edwards ter exposto sua opinião de que pessoas ainda não convertidas (batizadas) – requisitos para admissão – pudessem participar da Ceia do Senhor, porque entendia que tal atitude significava fé genuína no Salvador, e que não apenas conhecimento doutrinário e bom comportamento moral seriam necessários, em 1749 esse posicionamento precipitou uma violenta controvérsia que resultou na sua demissão. Em 1º de julho de 1750, Edwards pregou seu "Sermão de Despedida".

Tomando como base 2 Coríntios, 1:14, Jonathan Edwards proferiu suas palavras uma última vez, dizendo:

> Para aqueles que têm verdadeira piedade entre nós, gostaria agora de convicá-los a uma consideração séria sobre aquele grande dia em que deverão encontrar aquele que até então foi seu pastor, diante do Juiz, cujos olhos são como chama de fogo. Tenho me esforçado, de acordo com minha melhor capacidade, para pesquisar a Palavra de Deus, no que diz respeito às condutas distintivas da verdadeira piedade, aquelas pelas quais as pessoas podem descobrir melhor seu estado e julgar de maneira mais segura e clara a si mesmas.

E essas regras e marcas eu aplico de tempos em tempos, na pregação da Palavra, com o máximo de minha habilidade, e da maneira mais clara e perspicaz que fui capaz, a fim de detectar o hipócrita enganado e estabelecer as esperanças e confortos dos sinceros. E, no entanto, é de temer que, depois de tudo o que fiz, deixo agora alguns de vocês num estado enganado e iludido, pois não se deve supor que, entre várias centenas de crentes, nenhum seja enganado.

Doravante, não terei mais oportunidade de cuidar de suas almas, de examiná-las e investigá-las. Mas ainda assim rogo-lhes que lembrem e considerem as regras que muitas vezes lhes estabeleci, durante meu ministério, com uma consideração solene ao dia futuro em que vocês e eu devemos nos encontrar diante de nosso Juiz, quando as lições que vocês ouviram de mim devem ser aplicadas novamente diante de vocês, e essas regras de julgamento devem ser testadas, e será verificado se elas foram boas ou não; e também será revelado se vocês as ouviram imparcialmente e se as praticaram; e o próprio Juiz, que é infalível, julgará vocês e eu. Depois disso, ninguém será enganado a respeito do estado de suas almas.

A partir de 1751, passou a ser missionário entre os povos originários dos Estados Unidos. Apesar de ter enfrentado dificuldades, encontrou alegria e tempo para escrever. Produziu diversas obras, entre elas, "Dissertação sobre o fim pelo qual Deus criou o mundo", publicada postumamente, em 1765.

É importante mencionar que vários estudos bíblicos estão inseridos nos textos que compõem as leituras devocionais deste livro, com indicação apenas dos capítulos e de seus versículos, maneira usada por Edwards para fundamentar seus escritos.

Deleite-se com as palavras de incentivo sobre a justiça de Deus e gratidão a Jesus, mensagens que provocam a ação regeneradora do espírito, as quais não apenas revitalizam, mas também capacitam os seguidores de Cristo a exercerem sua missão de ir por todo o mundo e pregar o Evangelho a todas as criaturas, sendo exemplos vivos do Salvador.

Murilo Oliveira de Castro Coelho (Organizador)

1º DE JANEIRO

"Deus, que é riquíssimo em misericórdia, pelo seu muito amor com que nos amou." Efésios, 2:4

É a maneira de Deus fazer que as pessoas percebam sua miséria e indignidade antes que Ele ofereça a elas Sua misericórdia. Quando Ele mostra a um pecador Sua misericórdia, ao levá-lo para o lar do Senhor Jesus Cristo, é a maior e mais maravilhosa demonstração de amor. Há outras coisas em que Deus expressa grandemente Sua misericórdia e bondade para com os humanos, muitos favores temporais, concedidas a Seu povo na Antiguidade, tais com o sucesso de José, no Egito, a libertação dos filhos de Israel do faraó, a travessia do Mar Vermelho em terra seca, a entrada em Canaã, a libertação de tempos em tempos das mãos de seus inimigos, foram grandes maravilhas. Mas elas não foram suficientes para salvar Seu povo da culpa e do domínio do pecado. Assim, Deus prepara as pessoas para a concessão dessas misericórdias, tornando-as conscientes de sua culpa e de sua miséria, Ele o fará especialmente antes de lhes dar a conhecer esse Seu grande amor em Jesus Cristo. Quando Deus pretende mostrar misericórdia aos pecadores, Ele primeiro os leva a refletir sobre si mesmos, a considerar e a ter consciência do que são e da condição em que se encontram. Essa é a maneira de Deus lidar com homens e mulheres, concedendo-lhes notáveis misericórdias e manifestações de Seu favor. É uma confirmação de que esse é Seu método de proceder com as almas dos seres humanos, quando está prestes a revelar Sua misericórdia e amor a eles em Jesus Cristo.

2 DE JANEIRO

"Para que nenhuma carne se glorie perante Ele." 1 Coríntios, 1:29

Os cristãos a quem o apóstolo dirigiu essa epístola moravam em uma parte do mundo onde a sabedoria humana era muito apreciada, como ele observa no versículo 22 do mesmo capítulo: "Os gregos buscam a sabedoria". Corinto não ficava longe de Atenas, que por muitas eras foi a mais famosa sede de filosofia e aprendizado do mundo. Paulo, portanto, observa a eles como Deus se revelou por meio do Evangelho, considerado loucura pelos gregos. Ele "escolheu as coisas loucas do mundo para confundir as sábias, e as fracas para confundir as poderosas". E o apóstolo lhes informa que Deus fez isso "para que nenhuma carne se glorie". O que Deus almeja é que "Aquele que se gloriar, glorie-se no Senhor".

3 DE JANEIRO

"Vós sois d'Ele, em Jesus Cristo, o qual para nós foi feito por Deus sabedoria, e justiça, e santificação, e redenção." 1 Coríntios, 1:30

Todo o bem que temos está em Cristo, que se tornou para nós sabedoria, justiça, santificação e redenção, graças concedidas a toda criatura redimida. Cristo é cada uma delas para nós, e não encontrarmos nenhuma delas a não ser n'Ele. Ele foi feito por Deus para nós sabedoria, e n'Ele está a verdadeira excelência do entendimento. Somente por meio de Jesus somos justificados, temos nossos pecados perdoados. É por Cristo que temos a santificação. É por Ele que temos a redenção, ou seja, a libertação de toda a miséria e a concessão de toda felicidade e glória. Assim, temos todo o nosso bem por meio de Cristo, que é Deus.

4 DE JANEIRO

"O qual se deu a si mesmo por nós para nos remir de toda a iniquidade, e purificar para si um povo seu especial, zeloso de boas obras". Tito, 2:14

Podemos observar a maravilhosa sabedoria de Deus na obra da redenção. Deus fez do vazio e da miséria do ser humano, de seu estado inferior, perdido e arruinado, no qual ele se afundou com a queda, uma ocasião para o maior avanço de Sua glória. Deus se agradou em nos tirar do abismo sombrio de pecado e infortúnio em que havíamos caído, passando a dar-nos bem-aventurança. Mas, a criatura não tem nada de que se gloriar, porque toda a glória pertence ao Criador. Tudo está na mais absoluta e divina dependência do Pai, do Filho e do Espírito Santo. Assim, Deus aparece na obra da redenção como o Alfa e o Ômega.

5 DE JANEIRO

"Lança o teu pão sobre as águas, porque depois de muitos dias o acharás." Eclesiastes, 11:1

Ao lançar nosso pão sobre as águas, Salomão quer dizer dá-lo aos pobres, como aparece nas palavras seguintes: "Dá uma porção a sete, e também a oito". O sábio nos diz que ele não está perdido, mas você o entrega à Providência, e o encontrará novamente, no momento em que mais precisar. Se você empresta alguma coisa a Deus, você a entrega em mãos fiéis. Em Provérbios, 19:17, está escrito: "Ao Senhor empresta o que se compadece do pobre, Ele lhe pagará o seu benefício". Deus não apenas lhe pagará, mas também lhe dará aumento, como registrado em Lucas 6:38: "Dai, e ser-vos-á dado; boa medida, recalcada, sacudida e transbordando".

6 DE JANEIRO

"Qualquer que tiver dado só que seja um copo de água fria a um destes pequenos, em nome de discípulo, em verdade vos digo que de modo algum perderá o seu galardão." Mateus, 10:42

Nas Escrituras, dar aos nossos irmãos necessitados é chamado de acumular um tesouro no céu, em bolsas que não envelhecem, como em Lucas, 12:33: "Vendei o que tendes, e dai esmolas. Fazei para vós bolsas que não se envelheçam; tesouro nos céus que nunca acabe, aonde não chega ladrão e a traça não rói". Alguns guardam seu dinheiro em cofres, e não imaginam que o jogaram fora, acham que está guardado em segurança. Depois de ter alimentado com parte de seu pão aqueles que não podem recompensá-lo, você será recompensado na ressurreição e comerá pão no reino de Deus.

7 DE JANEIRO

"O que dá ao pobre não terá necessidade." Provérbios, 28:27

Se você doar aos necessitados, ainda que seja no exercício da virtude moral, estará no caminho de ganhar muito com isso. Aqueles que doam no exercício de uma caridade graciosa estão no caminho de serem beneficiados tanto aqui quanto no céu; e aqueles que doam no exercício de uma generosidade e liberalidade moral têm muitas promessas temporais feitas a eles. Aprendemos, pela Palavra de Deus, que eles estão no caminho de prosperar em seus negócios. Não perdem com isso. Pelo contrário, ganham uma bênção enorme, porque são pagos em dobro, como diz Provérbios, 11:24-25: "Ao que distribui mais se lhe acrescenta. A alma generosa prosperará e aquele que atende também será atendido".

8 DE JANEIRO

"Que o que semeia em abundância, em abundância ceifará. Cada um contribua segundo propôs no seu coração; não com tristeza, ou por necessidade; porque Deus ama ao que dá com alegria. Como está escrito: Espalhou, deu aos pobres; a sua justiça permanece para sempre." 2 Coríntios, 9:6,9

Quando você dá aos necessitados, é como se estivesse plantando sementes para uma colheita. Quando lavradores semeiam, parece que jogam fora suas sementes, mas eles têm muito mais com os frutos. Se não é certo que terão uma colheita, ainda assim estão dispostos a correr o risco, pois essa é a maneira como eles obtêm aumento. O mesmo acontece quando você dá aos pobres, uma maneira tão provável de obter prosperidade e aumento quanto plantar sementes em um campo.

9 DE JANEIRO

"Sede também meus imitadores, irmãos, e tende cuidado, segundo o exemplo que tendes em nós, pelos que assim andam." Filipenses, 3:17

Paulo insiste que seu exemplo deve ser seguido ao exortar seus irmãos a serem de um só coração e uma só alma, ajudando e auxiliando uns aos outros. O Espírito Santo determinou que os bons exemplos do apóstolo Paulo fossem notados e imitados por todos os cristãos. Deus ordenou aos apóstolos escreverem as epístolas para uso universal, ordenadas de tal forma na sabedoria da Divina Providência que elas fazem parte daquela regra infalível de fé e costumes, conforme registrado em Hebreus, 13:7 "Lembrai-vos dos vossos pastores, que vos falaram a palavra de Deus, a fé dos quais imitai, atentando para a sua maneira de viver".

10 DE JANEIRO

"Não sabeis vós que os que correm no estádio, todos, na verdade, correm, mas um só leva o prêmio? Correi de tal maneira que o alcanceis." 1 Coríntios, 9:24

Cristãos devem seguir este exemplo, e buscar altos graus de glória prometidos a quem trabalha para Deus: Paulo aguardava sua recompensa, uma coroa incorruptível, como ele diz em 1 Coríntios, 3:8: "Cada um receberá sua recompensa, segundo o seu trabalho". Ele tinha respeito pelo que o Mestre havia prometido, como disse, um pouco antes de sua morte, em 2 Timóteo, 4:7-8: "Combati o bom combate, terminei minha carreira, guardei a fé; desde agora me está reservada a coroa da justiça que o Senhor, justo Juiz, me dará naquele dia; e não somente a mim, mas também a todos os que amam a sua vinda".

11 DE JANEIRO

"Deixo-vos a paz, a minha paz vos dou; não como o mundo a dá. Não se turbe o vosso coração, nem se atemorize." João, 14:27

A paz de Cristo é o descanso da alma, o conhecimento que dá a visão correta das coisas, ao passo que a paz do mundo se baseia na cegueira e na ilusão. A paz que o povo de Cristo tem decorre do fato de terem os olhos abertos. Quanto mais sabem a verdade, mais conhecem a respeito de si mesmos. Quanto mais sabem sobre Deus, mais certos estão do mundo futuro, suas consciências são iluminadas e sua paz é estabelecida. Já os prazeres mundanos os mantêm na ignorância. Deixe a luz entrar, e terá imediatamente tranquilidade e conforto. A paz que Cristo dá a seus discípulos é a luz da vida, a tranquilidade do céu, o paraíso celestial.

12 DE JANEIRO

"No qual também vós juntamente sois edificados para morada de Deus em Espírito." Efésios, 2:22

O deleite espiritual em Deus surge principalmente de Sua perfeição, não das bênçãos que Ele nos dá. A pessoa de Cristo é inefavelmente excelente, grande o suficiente para acabar com todos os pensamentos que não edificam. Os prazeres de amar e obedecer, adorar e louvar o Ser Eterno, de confiar em Jesus Cristo, de contemplar Suas excelências e glórias, Sua infinita bondade, provêm da comunhão com o Espírito Santo. Adorar o criador do mundo, resulta do cumprimento de nosso dever, ao agirmos de modo digno, totalmente envolvidos na plenitude de Cristo, de modo a sermos santificados com uma pureza divina e celestial.

13 DE JANEIRO

"O amor nunca falha; mas havendo profecias, serão aniquiladas; havendo línguas, cessarão; havendo ciência, desaparecerá." 1 Coríntios, 13:8

A doutrina de que o grande fruto do Espírito dura para sempre é a do amor divino, mencionado como o fato de que permanecerá quando todos os outros frutos do Espírito tiverem falhado, e isso acontecerá quando o que é em parte for eliminado, e o que é perfeito vier. Paulo diz que "permanecem a fé, a esperança e o amor, mas o maior é o amor", quando o Espírito de Deus for gloriosamente derramado com seu eterno fruto, a caridade, por toda a eternidade. O apóstolo diz: "Quando vier o que é perfeito, [...] então conhecerei como também sou conhecido". A doutrina que se extrai desse texto é que o céu é um mundo de amor.

14 DE JANEIRO

"Porquanto com amor eterno te amei." Jeremias, 31:3

O amor dos santos, uns pelos outros, sempre será mútuo e recíproco. Alguns cristãos são mais amados por Deus do que outros, mesmo na Terra. O anjo disse a Daniel que ele era "um homem muito amado" (Daniel, 9:23), e Lucas foi chamado de "o médico amado" (Colossenses, 4:14), e João, "o discípulo a quem Jesus amava" (João, 20:2). Os mais eminentes em fidelidade e santidade, mais elevados em glória, serão os mais amados por Cristo no céu, os mais amados aqui são os que estão mais próximos d'Ele em glória. O coração de Cristo ama a todos muito mais do que os cristãos amam uns aos outros, e quanto mais um santo é amado por Ele, mais se assemelha a Ele, e mais cheio de amor está seu coração.

15 DE JANEIRO

"O Espírito intercede por nós com gemidos inexprimíveis." Romanos, 8:26

Não haverá nada que impeça os santos de exercerem e de expressarem o amor quando estiverem no céu. Neste mundo, muitas coisas os impedem por carregarem consigo uma massa de carne e sangue que não é adequada para ser uma alma inflamada com elevados exercícios de amor divino, de modo que eles não podem expressar seu amor a Deus como gostariam. Muitas vezes, não podem fazer o que seu amor os inclina a fazer. O amor os dispõe a irromper em louvor, mas suas línguas não são obedientes, querem palavras para expressar a ardência de suas almas, e não podem ordenar sua fala por causa das trevas (Jó, 37:19). Por isso, são forçados a se contentar com gemidos que não podem ser proferidos.

16 DE JANEIRO

"Nossa cidade está nos céus, de onde também esperamos o Salvador, o Senhor Jesus Cristo." Filipenses, 3:20

No céu, todas as coisas conspirarão para promover o amor. Lá não haverá quem tente alguém a desgostar ou a odiar, nenhum adversário que crie mal-entendidos ou espalhe falsas notícias. É o local adequado para todos os cristãos terem uma doce sociedade, pois o Cordeiro enche de luz a Jerusalém celestial. "A cidade não necessitava de sol nem de lua para nela resplandecer, porque a glória de Deus a alumiava, e o Cordeiro é a sua luz" (Apocalipse, 21:23). Eles saberão que Deus e Cristo estarão para sempre com eles, e que todos os Seus amados viverão para sempre em glória e manterão para sempre o amor em seus corações.

17 DE JANEIRO

"Quem tenho eu no céu senão a Ti? E na Terra não há quem eu deseje além de Ti." Salmos, 73:25

Como são felizes aqueles que têm direito ao céu. Há pessoas que vivem na Terra a quem a felicidade do mundo celestial pertence muito mais do que o patrimônio terreno. Elas têm título que lhes dá direito àquele mundo de amor, fazem parte daqueles sobre os quais está escrito, em Apocalipse, 22:14: "Bem-aventurados os que cumprem os seus mandamentos, para que tenham direito à árvore da vida e possam entrar na cidade pelas portas". Sem dúvida, essas pessoas são felizes por terem direito ao céu! Certamente, eles são os abençoados na Terra, e a plenitude de sua bênção nenhuma linguagem pode descrever, nenhuma palavra pode expressar.

18 DE JANEIRO

"Os quais não nasceram do sangue, nem da vontade da carne, nem da vontade do homem, mas de Deus." João, 1:13

Os que tiveram a semente do mesmo amor que reina no céu implantado em seus corações, obra de regeneração, são aqueles que não têm em seus corações os princípios naturais, tais como em seu primeiro nascimento, pois "o que é nascido da carne é carne" (João, 3:6). Eles tiveram um novo nascimento, nasceram do Espírito, obra gloriosa do Espírito de Deus realizada em seus corações, renovando-os ao trazer do céu um pouco da luz e um pouco da chama santa e pura que está naquele mundo de amor. Eles foram transformados e, de terrestres, tornaram-se celestiais, "Tendo nascido de novo, não de semente corruptível, mas de incorruptível" (1 Pedro, 1:23).

19 DE JANEIRO

"O Senhor me livrará de toda a má obra, e guardar-me-á para o seu reino celestial." 2 Timóteo, 4:18

Você já ouviu o que foi dito sobre o céu, que tipo de glória e bênção há lá, e como os santos e anjos são felizes naquele mundo de perfeito amor. Não permita que seu coração busque as coisas deste mundo. Não se entregue à posse de coisas terrenas como se elas fossem satisfazer sua alma. Isso é seguir um caminho contrário ao que leva ao mundo do amor. Se quiser buscar o céu, suas afeições devem ser afastadas dos prazeres do mundo. Mortifique os desejos de vanglória e torne-se pobre de espírito e humilde de coração. Volte seus pensamentos e afeições para aquele mundo de amor, para o Deus de amor e para os santos e anjos que estão à direita de Cristo.

20 DE JANEIRO

"Ó tu que ouves as orações." Salmos, 65:2

Esse salmo parece ter sido escrito como louvor a Deus por alguma resposta notável à oração, na concessão de alguma misericórdia, ou então por ocasião de alguma fé e confiança especiais que Davi tinha de que sua oração seria atendida. É provável que essa misericórdia concedida, ou que se esperava que fosse concedida, fosse uma pela qual esse salmista havia sido muito sincero, e havia feito um voto a Deus de que, se Ele atendesse ao seu pedido, ele lhe renderia louvor e glória. Essa parece ser a razão pela qual ele se expressa no primeiro verso do salmo: "A Ti, ó

Deus, espera o louvor em Sião, e a ti se pagará o voto". Podemos concluir que esse é o caráter do Altíssimo, um Deus que ouve nossas orações.

21 DE JANEIRO

"Tudo o que pedirdes em oração, crendo, o recebereis." Mateus, 21:22

O Altíssimo é um Deus que ouve a oração. Embora esteja infinitamente acima de tudo e não necessite de criaturas, Ele se agrada graciosamente em atender com misericórdia aos pobres vermes do pó. Ele se manifesta e se apresenta como se estivesse sentado em um propiciatório, para que as pessoas possam se achegar a Ele por meio da oração. Quando precisam de alguma coisa, Deus permite que elas venham e peçam, e Ele costuma ouvir suas orações. Deus, em sua palavra, fez muitas promessas de que ouviria nossas orações, as Escrituras estão cheias desses exemplos. Ele aceita as súplicas daqueles que oram. Ele aprova o fato de pedirmos misericórdias, aceita as orações como uma oferta a Ele.

22 DE JANEIRO

"Cheguemos com confiança ao trono da graça, para que possamos alcançar misericórdia." Hebreus, 4:16

Deus manifesta sua aceitação das orações, dá doces visões de Sua gloriosa graça, pureza, suficiência e soberania, capacitando-nos a descansar n'Ele, submetendo-nos à Sua vontade, de modo que possamos confiar em Sua fidelidade. Em sua palavra, manifesta-se sempre pronto a nos conceder misericórdia. Embora Deus esteja infinitamente acima de nós, ainda assim podemos nos aproximar com ousadia. Quão maravilhoso é o fato de que vermes como nós possam ter permissão para se achegar com ousadia em todos os momentos a um Deus tão grande, que permite a todos os que invocarem o nome de Jesus Cristo, nosso Senhor, ser dada graça (1 Coríntios, 2:2-3).

23 DE JANEIRO

"Não estejais inquietos por coisa alguma; antes as vossas petições sejam em tudo conhecidas diante de Deus." Filipenses, 4:6

Deus se deleita em ser procurado pela oração: "A oração dos retos é o seu prazer" (Provérbios, 15:8). A voz dos santos em oração é doce para Cristo. Ele até permite que sejam fervorosos e inoportunos, a ponto de não lhe darem descanso. Ele até os incentiva a fazer isso, como em Lucas, 18:1,8, na parábola da viúva e o juiz, bem como na do homem que foi ter com seu amigo à meia--noite, em Lucas, 11: 5,12. Cristo permitiu que o cego o importunasse com seus clamores (Lucas, 18: 38-39). Deus permite que nos dirijamos a Ele por meio da oração para tudo o que precisarmos, tanto temporal quanto espiritualmente.

24 DE JANEIRO

"E será que antes que clamem eu responderei; estando eles ainda falando, eu os ouvirei." Isaías, 65:24

Deus manifesta sua prontidão em ouvir a oração, dando uma resposta tão rápida, às vezes enquanto ainda falamos. Quando Daniel estava fazendo uma súplica sincera, Deus enviou um anjo para confortá-lo e assegurar-lhe uma resposta (Daniel, 9:20,24). Quando Deus adia a resposta à oração, não é por falta de tempo, mas sim para o bem de seu povo, para que estejam mais bem preparados para a misericórdia antes de recebê-la, ou porque outro momento seria o melhor e mais adequado. Quando a bênção parece demorar, Deus está trabalhando para realizá-la no melhor momento e da melhor maneira: "Ainda que demore, esperai-o; Ele virá, não tardará" (Habacuque, 2:3).

25 DE JANEIRO

"E tudo quanto pedirdes em meu nome eu o farei, para que o Pai seja glorificado no Filho." João, 14:13

Jesus reforça as orações de seu povo por meio de sua intercessão, pois Ele está à direita de Deus no céu, como registrado em Apocalipse, 8:3-4: "E veio outro anjo, e pôs-se junto ao altar, tendo um incensário de ouro; e foi-lhe dado muito incenso, para que o oferecesse com as orações de todos os santos sobre o altar de ouro, que está diante do trono. E a fumaça do incenso, que vinha com as orações dos santos, subia da mão do anjo diante de Deus". Era costume o sacerdote oferecer incenso no templo, no momento em que o povo fazia suas orações a Deus, conforme Lucas, 1:10: "E toda a multidão estava orando do lado de fora, no momento do incenso".

26 DE JANEIRO

"Perto está o Senhor de todos os que o invocam, de todos os que o invocam em verdade." Salmos, 145:18

Deus não orienta só pessoas piedosas a orar, mas também as outras. No início de Provérbios, 2, Deus orienta todas as pessoas a clamarem por sabedoria e a elevarem suas vozes em busca de entendimento, a fim de obterem conhecimento. Já em Tiago, 1:5, o apóstolo diz: "Se alguém tem falta de sabedoria, peça-a a Deus". Pedro orientou Simão Mago a se arrepender e a orar a Deus, para que talvez o pensamento de seu coração pudesse ser perdoado, como registrado em Atos, 8:22. Devemos fazer o que Deus diz, pois Ele é quem "satisfaz os desejos de todos os viventes" (Salmos, 145:16). A resposta às orações dos incrédulos é a preparação para a misericórdia.

27 DE JANEIRO

"E sede cumpridores da palavra, e não somente ouvintes, enganando-vos a vós mesmos." Tiago, 1:22

Santidade é uma conformidade do coração e da vida com Deus. Qualquer que seja a aparência que as pessoas deem às suas ações, se não proceder de uma santidade sincera, não é nada. A santidade aparente não terá nenhum propósito, a não ser que se manifeste em suas vidas. Tiago, 1:26-27: "Se alguém entre vós cuida ser religioso, e não refreia a sua língua, antes engana o seu coração, a religião desse é vã. A religião pura para com Deus é esta: visitar os órfãos e as viúvas nas suas tribulações, e guardar-se da corrupção do mundo". E, no capítulo 2:18, diz: "Mostra-me a tua fé sem as tuas obras, e eu te mostrarei a minha fé pelas minhas obras".

28 DE JANEIRO

"Conhecer o amor de Cristo, que excede todo o entendimento, para que sejais cheios de toda a plenitude de Deus." Efésios, 3:19

Cristo está mais próximo de nós do que o Pai, pois Ele é nosso Mediador, está familiarizado conosco, como diz João, 1:18: "Deus nunca foi visto por alguém. O Filho unigênito, que está no seio do Pai, esse o revelou". Jesus esteve conosco na carne, como um de nós, e vimos Sua santidade em todas as suas ações. A santidade é assim: observar diligentemente a vida de Cristo. Ele ordena que sigamos seu exemplo, em Mateus, 11:29: "Tomai sobre vós o meu jugo e aprendei de mim, porque sou manso e humilde de coração, e encontrareis descanso para as vossas almas". Isso é santidade. Quando imitamos a Cristo.

29 DE JANEIRO

"Escolhi o caminho da verdade; propus-me seguir os Teus juízos."
Salmos, 119:30

Os que não vivem em conformidade com Deus, Cristo e os mandamentos, não estão no caminho do céu e da felicidade. Quaisquer que sejam suas esperanças, nunca alcançarão a eternidade. Cristo disse que, a menos que um homem nasça de novo, ele não pode ver o reino de Deus. Ninguém, exceto os que imitam a Jesus, está no caminho para o céu, qualquer que seja a igreja em que esteja. Quaisquer que sejam os atos religiosos que realize, por mais que participe de cultos, e viva uma vida aparentemente moral, se não tiver caridade, não é nada (1 Coríntios, 13). É bom que estejamos completamente convencidos da necessidade mais absoluta e indispensável de uma santidade real, espiritual.

30 DE JANEIRO

"E o seu mandamento é este: que creiamos no nome de seu Filho Jesus Cristo, e nos amemos uns aos outros, segundo o seu mandamento."
1 João, 3:23

O cristianismo exige que amemos até a nossos inimigos, pois é dever de um cristão levar o amor de Cristo a todos, abençoá-los, orar por eles, para que possamos ser "filhos de nosso Pai que está nos céus, que faz nascer o seu sol sobre maus e bons, e faz chover sobre justos e injustos" (Mateus, 5:44-45). O amor é a soma de todas as virtudes cristãs, então os que se professam cristãos devem abundar nas obras de amor. Você ama a Deus? O que você fez por Ele, para sua glória, para o avanço de seu reino? Ame a seus semelhantes, não apenas "em palavras e línguas, mas em ações e em verdade" (1 João, 3:18).

31 DE JANEIRO

"Glória e honra e paz a qualquer que pratica o bem." Romanos, 2:10

Nos versículos anteriores, Paulo declarou qual é a porção dos ímpios, indignação e ira, tribulação e angústia, depois declara a porção atribuída aos que praticam o bem, identificados por seus frutos. Cristo nos ensinou que a árvore é conhecida pelos seus frutos. Aquilo que mais distingue os bons não são os privilégios de que desfrutam, ou a luz sob a qual vivem, mas sim os frutos que produzem. Como diz o apóstolo, no versículo 13: "Não são justos diante de Deus os que ouvem a lei, mas os que a praticam serão justificados". A recompensa pela prática do bem é "glória, honra e paz", qualificações que nos tornam a imagem de Deus, participantes de Sua santidade, tanto aqui como no céu.

Que tranquilidade haverá no céu! Quem pode expressar a plenitude e a bênção dessa paz? Que calma é essa! Quão doce, santa e alegre! Que refúgio de descanso para entrar, depois de ter passado pelas tempestades e tormentas deste mundo, no qual o orgulho, o egoísmo, a inveja, a malícia, o desprezo, a contenda e o vício são como ondas de um oceano inquieto, sempre rolando e, muitas vezes, sendo arrastadas com violência e fúria! Que Canaã de descanso para chegar, depois de passar por esse deserto desolado e uivante, cheio de armadilhas, ciladas e serpentes venenosas, onde não se podia encontrar descanso.

Os verdadeiros cristãos não veem primeiro que Deus os ama e, depois, descobrem que Ele é amável. Eles primeiro veem que Deus é amável, que Cristo é excelente e glorioso. Seus corações são cativados por essa visão de Deus, e seu amor por Deus surge principalmente dessa visão. O verdadeiro amor começa com Deus e O ama por Sua bondade.

1º DE FEVEREIRO

"Se não ouvem a Moisés e aos profetas, tampouco acreditarão, ainda que algum dos mortos ressuscite." Lucas, 16:31

Temos um relato, desde o verso 19, de como o homem rico que estava no inferno – depois de ter implorado em vão a Abraão que enviasse em seu socorro um certo mendigo, chamado Lázaro, que foi levado pelos anjos para o céu – orar para que Lázaro fosse enviado a seus irmãos para avisá-los, e eles pudessem cuidar de sua salvação, a fim de escapar daquele lugar de tormento. Observe que os condenados terão qualquer afeição natural para com seus parentes próximos neste mundo, ou qualquer comunicação. O homem rico, quando estava na Terra, só se preocupava com sua comodidade, e não achava que valesse a pena cuidar de sua alma e se esforçar muito para escapar da condenação. Mas passou a ter outra opinião e quis avisar a seus cinco irmãos, que viviam na mesma negligência descuidada de suas almas como ele, para que tomassem mais cuidado. Na parábola era com dizer: "Eles já têm advertências e instruções abundantes, que o próprio Deus lhes providenciou, deixe-os fazer uso disso". Por Moisés e os profetas entende-se todo o Antigo Testamento. Ouvi-los seria atender ao que dizem, acreditar neles e obedecê-los, isto é, eles não seriam persuadidos a cuidar completamente de suas almas, a abandonar seus pecados e se voltar para Deus, a fim de evitar aquele lugar de tormentos, mesmo que alguém ressuscitasse para os avisar, para que fossem alertados sobre os tormentos dos condenados, ou do inferno.

2 DE FEVEREIRO

"Porventura estará firme o teu coração? Porventura estarão fortes as tuas mãos, nos dias em que eu tratarei contigo? Eu, o Senhor, o disse, e o farei." Ezequiel, 22:14

Na primeira parte do capítulo, temos um terrível catálogo dos pecados de Jerusalém (versos 1º a 13). No versículo que precede o texto, Deus manifesta seu grande descontentamento e terrível ira contra eles por causa de suas iniquidades. "Eis que bati as mãos contra a avareza que cometeste, e por causa do sangue que houve no meio de ti". A expressão do golpe de Deus em sua mão significa a preparação para executar a ira por causa de seus crimes. Visto que Deus se comprometeu a lidar com os pecadores, eles não podem evitar a ameaça de miséria nem se livrar dela, muito menos a suportar.

3 DE FEVEREIRO

"E será aquele homem como um esconderijo contra o vento, e um refúgio contra a tempestade, como ribeiros de águas em lugares secos, e como a sombra de uma grande rocha em terra sedenta." Isaías, 32:2

Observe que a pessoa profetizada, Jesus Cristo, que reinará com justiça, é abundantemente apontado por Isaías. Já em I Pedro, 1:11-12, temos: "[...] O Espírito de Cristo, que estava neles, indicava, [...] a glória que se lhes havia de seguir. Aos quais foi revelado [...] as coisas que agora vos foram anunciadas por aqueles que, pelo Espírito Santo enviado do céu, vos pregaram o evangelho". Deus é frequentemente chamado de esconderijo para seu povo, um refúgio em tempos de angústia, uma rocha forte e uma torre alta, profecia do Filho de Deus encarnado.

4 DE FEVEREIRO

"Sendo justificados gratuitamente pela sua graça, pela redenção que há em Cristo Jesus." Romanos, 3:24

Deus nos permite ver a tempestade que nos ameaça. É uma condição terrível a sensação do horror da ira de Deus, com a convicção de que o grande Deus não está reconciliado conosco, considerando-nos culpados por um ou outro pecado, e zangado o suficiente para nos condenar para sempre. Para pessoas assim, há abundante paz e segurança em Jesus, e isso porque Cristo se comprometeu a salvar todos aqueles que vierem a Ele. Os que estão com medo, se vierem a Jesus verão que Ele lhes prometeu salvação, basta que se aproximassem d'Ele, pois tem compromisso com o Pai. Salmos, 56:3: "Em qualquer tempo em que eu temer, confiarei em Ti".

5 DE FEVEREIRO

"Em quem temos a redenção pelo seu sangue, a remissão dos pecados." Colossenses, 1:14

Jesus foi designado pelo Pai para ser o salvador, disposto a que a ira de Deus fosse derramada n'Ele, em vez de em nós, miseráveis pecadores. Houve um acordo a respeito disso antes que o mundo existisse. Deus quis que Seu Filho empreendesse essa obra, e o Pai O enviou ao mundo. Portanto, quando Cristo estava próximo da hora de sua morte, Ele disse ao Pai que havia terminado a obra que lhe havia confiado para fazer. Cristo é frequentemente chamado de eleito de Deus, ou escolhido, porque foi designado pelo Pai para Sua obra, o ungido de Deus, pois as palavras "messias" e "Cristo" significam ungido, porque Ele foi designado e preparado por Deus para nos salvar.

6 DE FEVEREIRO

"Porque serei misericordioso para com suas iniquidades, e de seus pecados e de suas prevaricações não me lembrarei mais."
Hebreus, 8:12

Cada jota e til da lei deve ser cumprido, o céu e a terra serão destruídos, mas não há possibilidade de o pecado escapar da justiça divina. Se a alma com medo da justiça voar para Cristo, ela terá um esconderijo seguro. Jesus suporta toda a vingança que pertence ao pecado, e não há necessidade de que seja suportado duas vezes, pois de fato houve união entre Ele e nós. Jesus sofre pelo crente, e sua segurança é o fim da punição da lei. A ameaça "certamente morrerás" foi devidamente cumprida na morte de Cristo, e deve ser entendida como justiça. Os que vão para Jesus não precisam temer nada da ameaça da lei.

7 DE FEVEREIRO

"Se confessarmos os nossos pecados, Ele é fiel e justo para nos perdoar os pecados, e nos purificar de toda a injustiça." 1 João, 1:9

Aqueles que vêm a Cristo não precisam ter medo da ira de Deus pelos seus pecados. A alma deve perceber que ofendeu a majestade de Deus, defensor da própria honra, que não suporta ser ofendido nem permite que Sua majestade seja pisoteada, tampouco que Sua bondade seja abusada. Se buscarmos a Cristo, a honra da majestade de Deus não será minimamente prejudicada, e seremos libertos e felizes. Cristo restaurou plenamente a honra de Deus pela obediência que Ele empreendeu por nossa causa, por mais numerosos e por piores que nossos pecados sejam. A justiça de Cristo é de infinita dignidade e mérito.

8 DE FEVEREIRO

"A todos quantos o receberam, deu-lhes o poder de serem feitos filhos de Deus." João, 1:12

Deus ressuscitou a Jesus. E agora há entrada gratuita para todos os pecadores no favor de Deus através desse Salvador, que vive para sempre. Deus deu a

Ele todo o poder no céu e na Terra, para dar a vida eterna a quem n'Ele crer. Ele é feito cabeça sobre toda a igreja, e a obra da salvação é deixada com Ele, que pode salvar quem quiser. O amor e a compaixão de Cristo são tais que Ele recebe todos os que creem, tão cheio de amor e bondade que está extremamente pronto a ter pena de nós, tem prazer em salvar as almas angustiadas e as reúne como uma galinha faz com seus pintinhos sob suas asas, porque se deleita em atos de amor, piedade e misericórdia.

9 DE FEVEREIRO

"E em nenhum outro há salvação, porque também debaixo do céu nenhum outro nome há, dado entre os homens, pelo qual devamos ser salvos." Atos, 4:12

Você certamente será aceito pelo Pai se sua alma se achegar a Jesus, o escolhido e ungido do Pai, enviado para salvar quem estiver em perigo e com medo. Ele é muito amado por Deus, infinitamente, e aceita aqueles que n'Ele crerem, basta ir até Ele, e assim que vier será declarado livre, porque Cristo o amou desde toda a eternidade e morreu por você. Você não precisa continuar em uma condição tão perigosa, há um abrigo cujas portas estão abertas para recebê-lo. Deixe que o Senhor Jesus seja sua torre alta. Não há rocha Ele. Aquele em quem você confia é um escudo, precioso Salvador, que mantém sua alma em segurança.

10 DE FEVEREIRO

"Alcançando o fim da vossa fé, a salvação das vossas almas." 1 Pedro, 1:9

Cristo é uma pessoa tão querida ao Pai, que aqueles que estão n'Ele não precisam ter receio de serem aceitos. Se Cristo for aceito, eles devem, consequentemente, ser aceitos, pois estão n'Ele, como membros, partes d'Ele. Eles são o corpo de Cristo. Aqueles que estão em Jesus são um só espírito. Deus ama a Jesus, e necessariamente aceita aqueles que estão n'Ele e que são d'Ele. Cristo é o eleito de Deus, em quem Sua alma se deleita, seu Filho amado, em quem se compraz e amou antes da fundação do mundo. Uma consciência aterrorizada por ter pecado pode ter descanso, pois está segura em Cristo, e não há o menor perigo, porque será aceita por Deus e estará em paz com Ele em Cristo.

11 DE FEVEREIRO

"A minha alma tem sede de Deus, do Deus vivo." Salmos, 42:2

Cristo promove a satisfação e o pleno contentamento da alma necessitada e sedenta. Esse é o sentido daquelas palavras no texto, "fontes de água em lugar seco" (Salmos, 107:33), onde os viajantes estão morrendo de sede, tal como foi aquele deserto em que os filhos de Israel vagaram. Essa comparação é usada em outras partes das Escrituras. Salmos, 63:1: "Tu és o meu Deus, de madrugada te buscarei; a minha alma tem sede de Ti". E em Salmos, 143:6: "Minha alma tem sede de Ti". Diz-se que Cristo é um rio de água, porque n'Ele há uma abundante provisão para a satisfação da alma necessitada. Ele é como um rio, pois Sua fonte não diminui, há recursos para aqueles que vêm depois saciarem sua sede.

12 DE FEVEREIRO

"Aquele que beber da água que eu lhe der nunca terá sede." João, 4:14

Cristo é uma fonte sempre fluindo, continuamente suprindo seu povo, e a fonte não se esgota. Quem vive em Cristo recebe novos suprimentos por toda a eternidade. A alma de todo ser humano anseia pela felicidade, é um desejo universal, jovens e velhos, bons e maus, sábios e insensatos querem ser felizes. Tais são as almas sedentas que Cristo tantas vezes convida a ir até Ele, como em Isaías, 55:1-2. "Ah, todos os que têm sede, vinde às águas; e quem não tem dinheiro, vinde, comprai e comei. Por que gastais dinheiro naquilo que não é pão, e o vosso trabalho naquilo que não satisfaz?", e ainda em Apocalipse, 22:17: "Quem tem sede, venha e beba de graça da água da vida".

13 DE FEVEREIRO

"Deus, que é riquíssimo em misericórdia, pelo seu muito amor com que nos amou, estando nós ainda mortos em nossas ofensas, nos vivificou juntamente com Cristo (pela graça sois salvos)." Efésios, 2:4-5

A alma carnal imagina que as coisas terrenas são excelentes. Um deseja riquezas, outro, a honra e o prazer carnal. Alguns percebem que estão muito longe da verdadeira felicidade, que os bens materiais nunca os farão felizes. A alma separada de Deus, a verdadeira riqueza que traz felicidade, não encontra satisfação. Cristo nos leva a Deus: "Eu sou o caminho, e a verdade, e a vida" (João, 14:6). E, sendo o caminho para o Pai, propicia a verdadeira felicidade. "Eu sou a porta: por mim, se alguém entrar, será salvo, e encontrará pastagens" (João, 10:9).

14 DE FEVEREIRO

"Vinde a mim, todos os que estais cansados e oprimidos, e eu vos aliviarei." Mateus, 11:28

Muitas vezes, os mártires mostraram que a paz de suas mentes não era perturbada em meio ao maior tormento, e se regozijavam e cantavam louvores. Se você sofrer de grande fraqueza física, ou de alguma doença que causa dores fortes e frequentes, o conforto está em Cristo, a alegria da alma, que fará seus breves sofrimentos produzirem um prazer muito maior, quando Ele der descanso às suas tristezas. Cristo se entregou para ser a habitação do seu povo: "Senhor, tu tens sido a nossa morada em todas as gerações" (Salmos, 90:1). Deus prometeu que eles habitarão em Seu templo para sempre. Há descanso e refrigério em Jesus para todos os que estão cansados.

15 DE FEVEREIRO

"E vos vestistes do novo, que se renova para o conhecimento, segundo a imagem d'Aquele que o criou." Colossenses, 3:10

Quando uma pessoa se converte, ela tem a imagem de Deus estampada nela. Em Efésios, 4:23-24, Paulo adverte: "E vos renoveis no espírito da vossa mente, e revesti-vos do novo homem, que segundo Deus é criado em justiça". Ela tem os olhos abertos e será levada a uma visão de Deus e a um conhecimento profundo d'Ele que transforma a alma na imagem de Sua glória. Quão abençoada é a mudança realizada na conversão, que nos faz à imagem de Deus, que pode muito bem ser chamada de glória, pois torna os crentes gloriosos por terem Cristo habitando neles, consumindo toda a corrupção que resta no coração, passando a brilhar como o firmamento.

16 DE FEVEREIRO

"Vede quão grande amor nos tem concedido o Pai, que fôssemos chamados filhos de Deus." 1 João, 3:1

É uma grande honra ser servo de Deus. João Batista disse de Cristo que ele não era digno de se abaixar para desatar a lingueta de Seus sapatos. Os cristãos não são apenas admitidos como servos de Deus, mas também como seus filhos, como Paulo diz em Romanos, 8:16-17: "O mesmo Espírito testifica com o nosso espírito que somos filhos de Deus. E, se nós somos filhos, somos herdeiros de Deus". A honra é maior em virtude da união com o Filho unigênito, como um só espírito. Gálatas, 4:7: "Assim que já não és mais servo, mas filho; e, se és filho, és também herdeiro de Deus por Cristo". Essa honra é de todos os que amam a Deus, que confiam no Senhor Jesus.

17 DE FEVEREIRO

"E a paz de Deus, que excede todo o entendimento, guardará os vossos corações e os vossos pensamentos em Cristo Jesus." Filipenses, 4:7

Cristãos têm uma base de conforto e alegria indescritíveis por causa das riquezas verdadeiras e infinitas que lhes foram dadas por Deus. Temos uma fonte de bem para nosso conforto, contentamento e alegria. Deus é amor, sim, um oceano de amor, e nos dá riquezas que carregamos em nossos corações. Somos ricos em fé. Tiago, 2:5: "Amados irmãos, não escolheu Deus os pobres deste mundo para serem ricos na fé e herdeiros do reino que prometeu aos que o amam?". Temos a graça de Deus, um tesouro, a semente da alegria, que florescerá e produzirá frutos. Essa é a base que os cristãos têm de paz e prazer neste mundo.

18 DE FEVEREIRO

"Pensai nas coisas que são de cima, e não nas que são da terra." Colossenses, 3:2

"Não te desamparem a benignidade e a fidelidade; ata-as ao teu pescoço; escreve-as na tábua do teu coração" (Provérbios, 3:3). Quem encontra Jesus não deseja prazer melhor. A alma que esteve vagando, quando bebe dessa fonte que satisfaz seus desejos, descobre o que necessita para sua felicidade, sente o que o Senhor disse: "Todo aquele que beber da água que eu lhe der, terá n'Ele uma fonte de água jorrando para a vida eterna" (João 4:14). Ela fortalece e preserva a alma, e lhe dá vida, e não a corrompe e a leva à morte, como fazem os prazeres terrenos. Gálatas, 6:8: "Porque quem semeia na sua carne, da carne ceifará a corrupção; mas quem semeia no Espírito, do Espírito ceifará a vida eterna".

19 DE FEVEREIRO

"Mas temos confiança e desejamos antes deixar este corpo, para habitar com o Senhor." 2 Coríntios, 5:8

Quando a alma sai do corpo, ela é conduzida pelos anjos ao céu. Na véspera de sua partida, há uma guarda de anjos em volta do leito do moribundo. Deus os emprega para nossa proteção: "O anjo do Senhor acampa-se ao redor dos que o temem e os livra" (Salmos, 34:7). Observe o que aconteceu com Daniel na cova dos leões: "Meu Deus enviou o seu anjo e fechou a boca dos leões, para que não me fizessem mal: visto que diante d'Ele se achou inocência em mim" (Daniel, 6:22). Assim que a alma estiver separada do corpo, ela será gentilmente recebida por aqueles seres brilhantes e abençoados, para ser conduzida por eles à presença gloriosa de Cristo.

20 DE FEVEREIRO

"Bem-aventurados aqueles que guardam os seus mandamentos, para que tenham direito à árvore da vida, e possam entrar na cidade pelas portas." Apocalipse, 22:14

Há quem diga que não existe o céu, mas isso é evidentemente um erro, pois o céu é o lugar onde Deus se manifesta gloriosamente, Cristo existe e os santos e os anjos habitam, e para onde os anjos levam as almas dos santos quando eles partem de seus corpos, chamado de Paraíso ou terceiro céu (2 Coríntios, 12:2,4). Em Efésios, 4:10, lemos: "Aquele que desceu é também o mesmo que subiu acima de todos os céus, para cumprir todas as coisas". Céu é o monte Sião, a cidade do Deus vivo, a Jerusalém celestial, para onde os anjos conduzem as almas dos santos quando deixam seus tabernáculos terrestres.

21 DE FEVEREIRO

"Disse-lhe Jesus: eu sou a ressurreição e a vida; quem crê em mim, ainda que esteja morto, viverá." João, 11:25

Os santos permanecerão no céu em um estado de extrema glória e bem-aventurança, até a ressurreição. Eles permanecerão ali no desfrute de Deus, habitando com Jesus Cristo num estado de perfeito descanso, sem a menor perturbação. Apocalipse, 14:13: "E ouvi uma voz do céu, que me dizia: Escreve:

Bem-aventurados os mortos que desde agora morrem no Senhor. Sim, diz o Espírito, "para que descansem dos seus trabalhos, e as suas obras os seguem". Quão doce será para os santos olharem para trás e verem como Deus os conduziu através do deserto, de todas as tempestades deste mundo, e de todas as tentações, quando chegarem ao seu lugar de descanso.

22 DE FEVEREIRO

"Então aparecerá no céu o sinal do Filho do homem; e verão o Filho do homem, vindo sobre as nuvens do céu, com poder e grande glória."
Mateus, 24:30

Os santos na Terra contemplarão seu Salvador vindo nas nuvens do céu, e todos os Seus santos anjos com Ele. E todo olho o verá. Será a melhor visão que os santos já viram, e fará seus corações transbordarem de alegria. É provável que muitos dos santos daquela época sejam encontrados sofrendo perseguição, pois as Escrituras declaram que no tempo em que Cristo voltará a maldade abundará. Mas isso os libertará, pois serão arrebatados. A esperança da vinda de nosso Salvador é descrita em Tito, 2:13, "Aguardando aquela bendita esperança e o aparecimento da glória de nosso Salvador Jesus Cristo".

23 DE FEVEREIRO

"Nada julgueis antes de tempo, até que o Senhor venha, o qual também trará à luz as coisas ocultas, e então cada um receberá de Deus o louvor." 1 Coríntios, 4:5

As boas obras que os santos praticaram serão declaradas para sua glória. Todos serão julgados de acordo com suas obras, e Cristo mantém um livro de recordações das boas obras dos santos, bem como dos pecados dos ímpios. Pela graça infinita de Deus os santos não perderão de forma alguma sua recompensa. No dia do julgamento eles receberão louvor e glória por todo o bem que fizeram, mesmo secretamente, quando não deixaram a mão esquerda saber o que a direita fazia. "Deus não é injusto para se esquecer da vossa obra e do trabalho de amor que demonstrastes para com o seu nome" (Hebreus, 6:10).

24 DE FEVEREIRO

"Bem está, bom e fiel servo; entra no gozo do teu senhor."
Mateus, 25:23

Na descrição do dia do julgamento, no capítulo 25 de Mateus, Cristo relata as boas obras dos santos: "Porque tive fome, e destes-me de comer; tive sede, e destes-me de beber: era estrangeiro, e hospedastes-me: nu, e vestistes-me; adoeci, e visitastes-me. Então os justos lhe responderão, dizendo: Senhor, quando te vimos com fome, e te demos de comer? ou com sede, e te demos de beber? E quando te vimos estrangeiro, e te hospedamos? ou nu, e te vestimos? E quando te vimos enfermo, ou na prisão, e fomos ver-te?". No versículo 40, Ele diz: "quando o fizestes a um destes meus pequeninos irmãos, a mim o fizestes". Todo o seu empenho na causa de Cristo será recompensado.

25 DE FEVEREIRO

"Jesus disse-lhes: Em verdade vos digo que vós, que me seguistes, quando, na regeneração, o Filho do homem se assentar no trono da sua glória, também vos assentareis sobre doze tronos." Mateus, 19:28

Cristo pronuncia a Seus santos manifestações de graça e amor que causam êxtase de alegria, pois nos convida a vir com Ele, dizendo: "benditos de meu Pai", com o único propósito de herdarmos um reino glorioso. A riqueza para a qual Jesus nos convida é a riqueza de um reino, e a honra, a dos reis. E o que ainda acrescenta à bem-aventurança é que é um reino preparado para nós desde a fundação do mundo. Temos, assim, direito a isso, e somos convidados a possuí-lo como herdeiros, como aqueles que têm direito ao reino em virtude de sermos filhos de Deus.

26 DE FEVEREIRO

"Ao que vencer darei a comer da árvore da vida, que está no meio do paraíso de Deus." Apocalipse, 2:7

Paraíso significa um jardim muito agradável e encantador, como o Éden, o lugar onde o Senhor pode mostrar Sua glória, sabedoria e amor para sempre, e que será a habitação de santos e anjos. O céu não é apenas a cidade de Deus, mas o seu palácio, seu trono. Isaías, 66:1: "Assim diz o Senhor: O céu é o meu trono, e a terra é o escabelo dos meus pés". Quão glorioso é o templo celestial que Deus construiu para ser o lugar de Sua presença gloriosa entre santos e anjos por toda a eternidade! Não podemos conceber a glória de sua residência, é uma daquelas coisas mencionadas em 1 Coríntios, 2:9: "As coisas que o olho não viu, e o ouvido não ouviu, e não subiram ao coração do homem, são as que Deus preparou para aqueles que o amam". Tal é a descrição feita por João, conforme a visão de Apocalipse, 21:10,23, uma cidade cujas paredes eram feitas de pedras preciosas. Esse lugar glorioso será a residência dos santos para sempre. Habitarão com Jesus na casa de seu Pai. Ele é o herdeiro e dono dela, porque é o Filho unigênito de Deus, e a igreja habitará nela com Cristo, porque ela é "a esposa do Cordeiro". Deus fez do céu sua morada peculiar e a morada de seus filhos desde quando fez o mundo, Ele fez o céu para eles e, portanto, Cristo lhes diz no final do seu julgamento: "Vinde, benditos de meu Pai, possuí por herança o reino que vos está preparado desde a fundação do mundo" (Mateus, 25:34).

27 DE FEVEREIRO

"Porque para mim tenho por certo que as aflições deste tempo presente não são para comparar com a glória que em nós há de ser revelada."
Romanos, 8:18

Jó teve respeito pela visão de Cristo e consolou-se com seus pensamentos, quando disse: "Porque eu sei que o meu Redentor vive, e que por fim se levantará sobre a terra. E depois de consumida a minha pele, contudo ainda em minha carne verei a Deus. Vê-lo-ei, por mim mesmo, e os meus olhos, e não outros o contemplarão" (Jó, 19:25,27). Haverá muito mais felicidade para os santos, pois é dito: "Eles o verão como ele é" (1 João, 3:2), bem como "conhecerão como são conhecidos" (1 Coríntios, 13:12). Os crentes terão uma compreensão clara de Cristo como Mediador, de como Ele se comprometeu desde toda a eternidade a os salvar. Eles compreenderão a gloriosa aliança de redenção entre o Pai e o Filho, verão o amor eterno que Cristo tinha por eles antes da fundação do mundo. Terão plena compreensão da infinita sabedoria de Deus na elaboração do plano de salvação, o amor de Cristo pelos pecadores, ao sofrer por eles a agonia avassaladora da cruz. Haverá constantemente, sem qualquer interrupção, uma sensação muito viva e plena disso, pois a obra da redenção aparecerá em sua verdadeira glória. Eles contemplarão claramente Sua divina majestade e Suas infinitas santidade, graça e amor, Cristo como a imagem perfeita de Deus, na qual toda a glória divina é plenamente expressa, o brilho de seu Pai, aquela imagem perfeita de Deus, e ficarão infinitamente felizes em contemplar por toda a eternidade.

28 DE FEVEREIRO

"Porque os dias do meu povo serão como os dias da árvore, e os meus eleitos gozarão das obras das suas mãos." Isaías, 65:22

Há diferentes graus de felicidade e glória no céu, como há muitas mansões de graus distintos de dignidade. A glória dos santos será proporcional à sua santidade aqui na Terra. Cristo recompensará a todos de acordo com suas obras. Aquele que ganhou dez minas foi nomeado governante de dez cidades, e aquele que ganhou cinco, sobre cinco cidades (Lucas, 19:17). Em 2 Coríntios, 9:6, Paulo diz: "Que o que semeia pouco, pouco também ceifará; e o que semeia em abundância, em abundância ceifará". O apóstolo também nos diz que, assim como uma estrela difere de outra estrela em glória, assim também será na ressurreição dos mortos (1 Coríntios, 15:41). Não será um obstáculo para a felicidade daqueles que têm graus mais baixos de glória que haja outros avançados em glória acima deles. Todos serão perfeitamente felizes. Aqueles não tão elevados em glória como os outros não invejarão os mais elevados, mas terão um amor tão grande, forte e puro por eles, que se regozijarão ao verem que é apropriado os mais eminentes em obras de justiça serem exaltados. Haverá uma harmonia perfeita na sociedade celestial, e os que se destacaram em glória neste mundo não serão objetos de inveja, porque os outros os veem com humildade. Tal será a união que eles serão participantes da felicidade um do outro. Então será cumprido o que é declarado em 1 Coríntios, 12:26: "Se um dos membros for honrado, todos os membros se alegrarão com isso".

O que você pode desejar que esteja em um Salvador que não esteja em Cristo? Ou, de que forma você desejaria que um Salvador fosse diferente do que Cristo é? Que excelência está faltando? O que há de grandioso ou bom; o que há de venerável ou vitorioso; o que há de adorável ou cativante; ou o que você pode pensar que seria encorajador, que não se encontra na pessoa de Cristo?

1º DE MARÇO

"Bem-aventurado o homem que faz do Senhor a sua confiança."
Salmos, 40:4

Pessoas verdadeiramente boas foram objeto de uma completa obra de conversão. De tais pessoas pode-se dizer que são abençoadas. Elas são frequentemente declaradas abençoadas por Deus. Ele é infinitamente sábio e vê e conhece quem é abençoado. Ele disse: "Bem-aventurado o homem que não anda segundo o conselho dos ímpios". – "Bem-aventurado aquele cujos pecados são perdoados." – "Bem-aventurados os pobres de espírito" – "os mansos" – "os misericordiosos" – "os puros de coração".

Em Tiago, 2:18,20, lemos: "Tu crês que há um só Deus; fazes bem: os demônios também creem e tremem. Mas saberás tu, ó homem vaidoso, que a fé sem obras é morta?". Deve haver uma conformidade de coração e de vida com Deus, a fim de alcançar a verdadeira santidade, que é a imagem de Deus, a sua semelhança. Ser conformado com Deus não significa uma conformidade com Seu poder infinito significa conformidade com a Sua vontade, pela qual Ele deseja coisas justas, corretas e amáveis. E não é apenas querer como Deus quer, mas também agir de forma santa, justa, sábia e misericordiosa. Deve ser a inclinação constante e a nova natureza da alma, e então uma pessoa será considerada santa. A excelência ou glória consiste em ter sobre si a imagem de Deus. Quando uma pessoa se converte, ela tem a imagem de Deus estampada nela. Colossenses, 3:10: "E vos revestistes do novo homem, que se renova no conhecimento à imagem d'Aquele que o criou".

2 DE MARÇO

"Confessaram que eram estrangeiros e peregrinos na terra. Pois aqueles que dizem tais coisas declaram claramente que procuram um país." Hebreus, 11:13-14

Paulo estava expondo as excelências da graça da fé dos santos do Antigo Testamento, falando de Abel, Enoque, Noé, Abraão e Sara, Isaque e Jacó, observando que "todos morreram na fé, sem terem recebido as promessas; mas vendo-as de longe, e crendo-as e abraçando-as, confessaram que eram estrangeiros e peregrinos na terra". Já no versículo 15 diz: "se lembrassem de onde saíram, poderiam retornar". Note que não devemos descansar no mundo e em seus prazeres, mas sim desejar o céu, "buscar primeiro o reino de Deus" (Mateus, 6:33), uma felicidade celestial, estar com Deus e habitar com Jesus.

3 DE MARÇO

"A noite é passada, e o dia é chegado. Rejeitemos, pois, as obras das trevas, e vistamo-nos das armas da luz." Romanos, 13:12

Se o viajante passar por lugares agradáveis, apenas desfrutará de uma visão temporária deles enquanto avança, porque o fim da sua jornada está em sua mente. Deseje o céu mais do que os confortos e prazeres desta vida. Paulo faz esta consideração: "Nossa salvação está agora mais perto de nós do que quando aceitamos a fé" (Romanos, 13:11). "Prefira as coisas celestiais, de modo a se separar delas sempre que Deus chamar. Paulo dizia que o tempo se abrevia, e que a aparência deste mundo passa" (1 Coríntios, 7:29,31). Coisas terrenas servem apenas por um pouco de tempo. Coloque seu coração no céu, onde está sua herança para sempre.

4 DE MARÇO

"Deixemos todo o embaraço, e o pecado que tão de perto nos rodeia, e corramos com paciência a carreira que nos está proposta." Hebreus, 12:1

O caminho que leva até o céu é uma via de santidade. Abandone a satisfação de qualquer coisa terrena, deixando-as de lado se forem uma pedra de tropeço. Prossiga obedecendo a todos os mandamentos de Deus, tanto os difíceis como os fáceis, negando todas as inclinações pecaminosas. É preciso subir colinas, embora seja difícil e cansativo, e contrário à inclinação natural da carne. Siga a Cristo. Tome a cruz e, com mansidão e humildade, obediência e caridade, fazendo o bem e tendo paciência sob as aflições, prossiga no caminho para o céu e a consequente vida celestial, em conformidade com o Evangelho.

5 DE MARÇO

"Esquecendo-me das coisas que atrás ficam, e avançando para as que estão diante de mim, prossigo para o alvo, pelo prêmio da soberana vocação de Deus em Cristo Jesus." Filipenses, 3:13-14

As viagens longas são repletas de fadiga, especialmente em áreas inóspitas. As pessoas sofrem dificuldades e cansaço. Siga no caminho da santidade, reúna forças para superar os obstáculos. Deve ser o trabalho cotidiano pensar no fim da jornada até o céu. "Corramos com paciência a corrida que nos está proposta" (Hebreus, 12:1). Sabendo que o caminho é difícil, persevere, não desanime. Cresça no amor divino e, assim, aproxime-se cada vez mais do céu. Seu caminho deve ser como "a luz da aurora, que brilha mais e mais até ser dia perfeito" (Provérbios, 4:18).

6 DE MARÇO

"Quando nosso corpo terreno, esta tenda em que vivemos, se desfizer, teremos um corpo eterno, uma casa no céu feita para nós pelo próprio Deus, e não por mãos humanas." 2 Coríntios, 5:1

Este mundo não é o nosso lugar de permanência. Nossos dias na Terra são como uma sombra. Deus nos deu propriedades, filhos, amigos agradáveis, mas não devemos nos acomodar aqui. Nossa jornada é em direção ao mundo futuro projetado para ser nossa morada eterna, onde há uma herança duradoura. Deus nos criou. "D'Ele, e por meio d'Ele, e para Ele são todas as coisas". Aqui, podemos servir e glorificar a Deus, mas de uma forma muito imperfeita, mas, quando chegarmos ao céu, nossos corações serão ofertas puras e santas, apresentadas numa chama de amor divino.

7 DE MARÇO

"Para que onde eu estiver estejais vós também." João, 14:3

A morte, embora nos pareça assustadora, é para os santos uma grande bênção. "O dia da sua morte é melhor do que o dia do seu nascimento" (Eclesiastes, 7:1). Eles desejaram o céu acima deste mundo ou de qualquer um dos seus prazeres. Eles encontrarão mais conforto no descanso eterno, serão inconcebivelmente abençoados. Eles não encontram nenhuma tristeza por terem trocado seus prazeres terrenos pelo céu. Eles não choram, mas regozijam-se com grande alegria e bebem em rios de prazer. "Não terão mais fome nem sede [...] Porque o Cordeiro que está no meio do trono os apascentará e os conduzirá a fontes de águas vivas; e Deus enxugará de seus olhos toda lágrima" (Apocalipse, 7:16-17).

8 DE MARÇO

"Eu sou a porta; se alguém entrar por mim, salvar-se-á, e achará pastagens." João, 10:9

Temos razão para que nosso luto seja misturado com alegria. "Não quero, irmãos, que sejais ignorantes a respeito dos que dormem, para que não vos entristeçais, como os demais que não têm esperança, porque, se cremos que Jesus morreu e ressuscitou, assim também Deus os trará consigo" (1 Tessalonicenses, 4:13-14). Não se entristeça como os pagãos, que não têm conhecimento da felicidade futura. Avance no caminho reto e estreito para a vida eterna. Busque o céu somente por Jesus – "o caminho, a verdade e a vida" (João, 14:6). Se quiser chegar ao céu, siga por meio d'Ele e não pela própria justiça. Jesus dá a força necessária para você caminhar em santidade.

9 DE MARÇO

"Cristo morreu por todos, para que os que vivem não vivam mais para si mesmos, mas para Aquele que por eles morreu e ressuscitou."
2 Coríntios, 5:15

A redenção é a concessão da graça a todos os que creem. Cristo, pelos seus méritos, nas grandes coisas que fez e sofreu no mundo, adquiriu graça e santidade para o seu povo. "E por eles me santifico a mim mesmo, para que também eles sejam santificados na verdade" (João, 17:19). Ele redimiu os eleitos, a fim de que pudessem andar em práticas santas. "E vós, que outrora éreis alienados e inimigos em vossa mente pelas obras más, contudo agora Ele reconciliou no corpo da sua carne, pela morte, para vos apresentar santos, irrepreensíveis e irrepreensíveis aos seus olhos" (Colossenses, 1:21-22).

10 DE MARÇO

"E nos levantou uma salvação poderosa." Lucas, 1:69

Quando o anjo apareceu a José, ele lhe disse que o filho que deveria nascer de Maria deveria ser chamado de Jesus, porque Ele salvaria seu povo dos seus pecados (Mateus 1:21). E a santidade é declarada, pois Ele se ofereceu imaculado a Deus, para que seu sangue purificasse nossas obras mortas para servir ao Deus vivo (Hebreus, 9:14). A respeito da redenção de Cristo, no Novo Testamento, temos: "Bendito seja o Senhor Deus, pois Ele redimiu seu povo [...] sua santa aliança, para que nós, sendo libertos, pudéssemos servi-lo em santidade e justiça, todos os dias da nossa vida" (Lucas, 1:68,75). Isso tudo deixa bem claro que o objetivo da redenção é que possamos ser santificados.

11 DE MARÇO

"Assim como Aquele que vos chamou é santo, sede vós santos em todo o procedimento." 1 Pedro, 1:15

Esse chamado, a conversão salvadora na qual a graça começa na alma, tem a mesma finalidade – Deus, pelo seu Espírito, e através da sua verdade, chama, desperta, convence, converte e conduz ao exercício da graça, todos os que estiverem dispostos a exercer a prática sagrada, porque "Somos feitura d'Ele, criados em Cristo Jesus para boas obras, as quais Deus ordenou que andássemos nelas" (Efésios, 2:10). E o apóstolo diz aos tessalonicenses que Deus não os chamou para a impureza, mas para a santidade (1 Tessalonicenses, 4:7). Quem tem conhecimento correto das coisas divinas vê a excelência dos caminhos da santidade, pois vê a excelência de Deus.

12 DE MARÇO

"E sabemos que o conhecemos se obedecemos a seus mandamentos." 1 João, 2:3

Quem conhece a Deus sabe que Ele é digno de ser obedecido. Faraó não viu por que deveria obedecer a Deus, e por isso disse: "Quem é o Senhor, para que eu ouça a sua voz? Não conheço o Senhor, nem deixarei ir Israel" (Êxodo, 5:2). A razão de as pessoas se comportarem de forma perversa é por não terem conhecimento espiritual, como diz o salmista: "Todos se corromperam. Ninguém faz o bem, nem um sequer!" (Salmos, 14:3). O apóstolo João diz que "quem obedece à palavra de Deus mostra que o amor que vem d'Ele está se aperfeiçoando em sua vida" (1 João, 2: 5). Assim, "O homem sensato tem um espírito excelente" (Provérbios, 17:27), o qual terá comportamento correspondente.

13 DE MARÇO

"Porque sabemos que Ele é justo, também sabemos que todo o que pratica a justiça é nascido de Deus." 1 João, 2:29

A verdadeira graça cristã não é apenas um princípio de vida, por isso lemos, em 2 Timóteo, 3:5: "Serão religiosas apenas na aparência, mas rejeitarão o poder capaz de lhes dar a verdadeira devoção". Há um poder divino operado em Cristo, segundo o qual toda graça verdadeira no coração tende à prática santa na vida. Isso distingue muito a fé que salva daquela que é apenas comum. Uma fé verdadeira funciona, como Paulo descreve, uma "fé que opera pelo amor" (Gálatas, 5:6). E outro apóstolo nos diz: "Tu tens fé, e eu tenho obras; mostra-me a tua fé sem as tuas obras, e eu te mostrarei a minha fé pelas minhas obras" (Tiago, 2:18).

14 DE MARÇO

"Se você quer ser perfeito, vá, venda todos os seus bens e dê o dinheiro aos pobres. Então você terá um tesouro no céu. Depois, venha e siga-me." Mateus, 19:21

A convicção acerca da fé salvadora resulta em uma conduta santa, que governa as ações dos que realmente acreditam. Pessoas convencidas da verdade das coisas ditas no Evangelho, sobre a salvação eterna que Cristo comprou para todos os que a aceitarem, influencia a prática. Os que creem nas riquezas, honras e prazeres eternos abandonam as coisas do mundo e, se necessário, vendem tudo e seguem a Cristo. Eles não terão medo de renunciar a outras maneiras de garantir a felicidade, porque estão convencidos de que somente Jesus é suficiente para conceder-lhes toda a felicidade necessária.

15 DE MARÇO

"O temor do Senhor é o princípio do conhecimento; todos que obedecem a seus mandamentos mostram bom senso." Salmos, 111:10

O principal significado nas Escrituras do temor a Deus é uma santa solicitude para que não O ofendamos pecando contra Ele. Se você realmente teme ofender a Deus, se evita pecar, certamente observa o cumprimento de todos os mandamentos, como em Provérbios, 8:13, "Quem teme o Senhor odeia o mal". Jó apresenta sua razão: "Se minha conduta foi falsa, que Deus me pese numa balança justa" (Jó, 31:5-6). O próprio Deus, quando fala de Jó, diz: "Teme a Deus e se mantém afastado do mal" (Jó, 1:8). Qualquer pessoa que tiver o temor de Deus evitará o pecado e almejará ser santo. O espírito de gratidão e louvor leva à santificação.

16 DE MARÇO

"Não nos limitemos a dizer que amamos uns aos outros; demonstremos a verdade por meio de nossas ações. Com isso saberemos que pertencemos à verdade, e nos tranquilizaremos quando estivermos diante de Deus." 1 João, 3:18-19

Se o espírito de amor for sincero, uma pessoa tenderá a praticar ações de amor. Trata-se de um amor hipócrita o que aparece apenas em palavras, e não em ações, mas o amor sincero, realmente verdadeiro, manifesta-se nas ações, como diz o apóstolo: "Se um irmão ou uma irmã necessitar de alimento ou de roupa, e vocês disserem: 'Até logo e tenha um bom dia; aqueça-se e coma bem', mas não lhe derem alimento nem roupa, em que isso ajuda? Como veem, a fé por si mesma, a menos que produza boas obras, está morta" (Tiago, 2:15,17).

17 DE MARÇO

"Se me amais, guardai os meus mandamentos." João, 14:15

Pessoas que nutrem um amor sincero pelos outros estão prontas, caso precisem, a sofrer por eles. Qualquer ser humano que ame ao próprio filho, ao observá-lo em circunstâncias de sofrimento se esforça para aliviá-lo, mas se agir sem os cuidados necessários, dificilmente alguém acreditaria que ele tenha algo do amor paterno em seu coração. O amor ao próximo nos torna dispostos a todo tipo de boas práticas, como declara o apóstolo Paulo, após ter enumerado os mandamentos: "Se há algum outro mandamento, tudo nesta palavra se resume: Amarás ao teu próximo como a ti mesmo". E, então, acrescenta: "O amor não faz mal ao próximo. De sorte que o cumprimento da lei é o amor" (Romanos, 13:9-10).

18 DE MARÇO

"Porque todos os que são guiados pelo Espírito de Deus esses são filhos de Deus." Romanos, 8:14

As boas obras são apontadas nas Escrituras como evidência da sinceridade de uma vida cristã. Jesus nos ensinou que as pessoas são conhecidas por seus frutos (Mateus, 7:16,20). Enfatizou que os que guardam Seus mandamentos O amam verdadeiramente (João, 14:21). Paulo declarou que quem finge pertencer ao reino de Deus, mas não guarda os mandamentos, é hipócrita: "Os que são de Cristo crucificaram a carne, com suas paixões e concupiscências" (Gálatas, 5:24). Deus deseja que todos compreendam a prática como a única evidência de que realmente vivem na graça. Por nossas ações somos julgados por Deus aqui na Terra, bem como seremos no último dia.

19 DE MARÇO

"Sonda-me, ó Deus, e conhece meu coração; prova-me, e conhece meus pensamentos; e vê se há algum caminho mau em mim, e guia-me pelo caminho eterno." Salmos, 139:23-24

Todos deveriam se preocupar em saber se não vivem em algum tipo de pecado. Esse salmo é uma meditação sobre o conhecimento perfeito que Deus tinha das ações do salmista, pois Ele conhecia até seus pensamentos. Também fala da impossibilidade de fugir da presença divina, ou de se esconder dela. Depois, implora ao Senhor que o investigue e o prove, para ver se há algum caminho perverso n'Ele, e o guie no caminho eterno. Ele ora para que Deus o leve a discernir a si mesmo, de modo a ser "bem-aventurado por ter o seu prazer na lei do Senhor [...] e tudo quanto fizer prosperará" (Salmos, 1).

20 DE MARÇO

"O amor seja não fingido. Aborrecei o mal e apegai-vos ao bem." Romanos, 12:9

Devemos considerar da maior importância saber em que estado nos encontramos, se alguma vez tivemos alguma mudança feita em nossos corações, passando do pecado para a santidade, ou se ainda estamos no fel da amargura e no vínculo com a iniquidade, se alguma vez o pecado foi verdadeiramente mortificado em nós. Paulo insiste: "Examinai-vos a vós mesmos, se permaneceis na fé. Se não é que já estais reprovados" (2 Coríntios, 13:5). Os que pensam ser piedosos devem tomar cuidado para que seu fundamento seja correto. Normalmente, os hipócritas se consideram piedosos, mas são abomináveis para Deus. "Guarda-te a ti mesmo, e guarda bem a tua alma" (Deuteronômio, 4:9).

21 DE MARÇO

"Vede prudentemente como andais." Efésios, 5:15

Deus exige que exerçamos a máxima vigilância, com diligência na prática cristã. Devemos ter o máximo cuidado para conhecer a vontade de Deus, para que O sirvamos com todo nosso poder em todas as coisas. Isto é o que Deus muitas vezes exige expressamente de nós. "Guardai, pois, com diligência as vossas almas [...] Para que não vos corrompais" (Deuteronômio, 4:15-16). Em Provérbios, 4:23: "Guarda o teu coração, porque d'Ele procedem as fontes da vida". Somos ordenados por Cristo a "vigiar e orar", para não sermos encontrados de qualquer forma maligna por falta da vigilância que devemos manter. Os que se dizem cristãos devem andar em caminhos de santidade, promovendo o avanço do reino de Cristo no mundo.

22 DE MARÇO

"Aquele, pois, que cuida estar em pé, olhe não caia." 1 Coríntios, 10:12

Quando alguém inicia uma prática má e prossegue nela, então seu amor próprio o prejudica. Chama sua cobiça de prudência e diligência nos negócios. Se falar mal e caluniar o próximo, chama isso de testemunho contra a maldade, encontra bons nomes para todos os seus maus caminhos. Por causa desse engano há tanto pecado nos corações, pois é difícil fazer um julgamento verdadeiro sobre as próprias práticas. Cuide para não seguir por algum caminho perverso. "Irmãos, que nunca haja em qualquer de vós um coração mau e infiel, para se apartar do Deus vivo. Antes, exortai-vos uns aos outros todos os dias, para que nenhum de vós se endureça pelo engano do pecado" (Hebreus, 3:12-13).

23 DE MARÇO

"Cura-me, Senhor, e sararei; salva-me, e serei salvo." Jeremias, 17:14

Uma pessoa pode ver mais facilmente as falhas nos outros do que em si mesma. Ao ver os outros fora do caminho, logo os condena, quando talvez ela própria faça, ou tenha feito, o mesmo ou algo semelhante, mas justifica a si mesma. Consegue discernir ciscos nos olhos dos outros melhor do que traves nos próprios olhos. Provérbios, 21:2: "Todo caminho do homem é reto aos seus próprios olhos". Não devemos, portanto, confiar em nossos corações nesse assunto, mas manter vigilância sobre nós mesmos, investigar nossos corações e caminhos, e clamar a Deus para que ele nos examine. Provérbios, 28:26: "O que confia no seu próprio coração é insensato, mas o que anda em sabedoria, será salvo".

24 DE MARÇO

"Toda a Escritura é proveitosa para ensinar, corrigir, instruir em justiça, para que o homem de Deus seja perfeitamente instruído para toda a boa obra." 2 Timóteo, 3:16-17

Ninguém será indesculpável de seus erros por alegar ignorância. Deus nos deu uma regra verdadeira e perfeita, pela qual devemos andar. Assim, apesar de nossas fraquezas, conhecemos nosso dever, pois a revelação completa está nas Escrituras. É impossível sabermos se não vivemos no pecado, a menos que conheçamos a regra pela qual devemos andar, pois "Pela lei vem o conhecimento do pecado" (Romanos, 3:20). Por isso, com a maior diligência, estude as regras que Deus deu, porque a Palavra de Deus é "uma lâmpada para os nossos pés e uma luz para os nossos caminhos" (Salmos, 119:105).

25 DE MARÇO

"Não se aparte da tua boca o livro desta lei; antes medita nele dia e noite, para que tenhas cuidado de fazer conforme a tudo quanto nele está escrito; porque então farás prosperar o teu caminho." Josué, 1:8

Devemos examinar nossos corações e caminhos até descobrirmos se estão em concordância com as Escrituras, para que não ignoremos nossas irregularidades, e algum mau caminho em nós fique escondido. Ao investigar os segredos de seu coração e suas práticas será possível saber se você não vive em algum tipo de pecado. As Escrituras contêm orientações para cada dever. Tiago, 1:25: "Quem atenta bem para a lei perfeita da liberdade, e nisso persevera, não sendo ouvinte esquecediço, mas fazedor da obra, este tal será bem-aventurado no seu feito".

26 DE MARÇO

"Guardei no coração a Tua palavra para não pecar contra Ti." Salmos, 119:11

Evite gente perigosa. "Não sejas companheiro do homem briguento nem andes com o colérico, para que não aprendas as suas veredas, e tomes um laço para a tua alma" (Provérbios, 22:24-25). Você não deve odiar alguém por achar que ele o despreza, tampouco por ele ser do partido oposto àquele do seu interesse. Se você sente inveja de um de seus vizinhos, de sua prosperidade, é por causa de um espírito egoísta. O mandamento de Deus é como um dever de amor ao próximo. "Revesti-vos de amor, que é o vínculo da perfeição" (Colossenses, 3:14). Não há dúvida de que, se cumprissem esse dever, os cristãos evitariam a abundância da maldade e libertariam muitas almas dos maus caminhos.

27 DE MARÇO

"Na multidão de palavras não falta pecado, mas o que modera os seus lábios é sábio." Provérbios, 10:19

Não é de forma alguma desculpa para qualquer uma das partes entregar-se à amargura e à discórdia em uma relação, alegando que a culpa é da outra parte. Todos temos falhas. Quando Deus ordenou uma amizade tão completa entre marido e mulher, Ele sabia que a maior parte teria falhas. "O ódio excita contendas, mas o amor cobre todos os pecados" (Provérbios, 10:12). Não deixem qualquer mal-entendido exasperar o espírito uns dos outros com linguagem cruel, mas sim vivam "suportando-vos uns aos outros, e perdoando-vos uns aos outros, se alguém tiver queixa contra outro; assim como Cristo vos perdoou, assim fazei vós também" (Colossenses, 3:13).

28 DE MARÇO

"Santifica-os na verdade; a Tua palavra é a verdade." João, 17:17

Se durante muito tempo você viveu de alguma forma pecaminosa, até agora você falhou em buscar a salvação da maneira certa, sendo diligente em todos os deveres descritos no Evangelho. Se houver algum membro que seja corrupto e você não o cortar, há perigo de ele o levar para o inferno (Mateus, 5:29-30). Cristo pediu para cumprirmos Suas palavras. "Aquele que tem os meus mandamentos e os guarda, esse é o que me ama; e quem me ama será amado por meu Pai; e eu o amarei e me manifestarei a ele" (João, 14:21). A maneira de desfrutar de uma comunhão com Deus é caminhar na graça, e Deus manifestará a nós Seu amor. "Não peço que os tires do mundo, mas que os livres do mal" (João, 17:15).

29 DE MARÇO

"Vós sois a geração eleita, a nação santa, o povo adquirido, para que anuncieis as virtudes d'Aquele que vos chamou das trevas para a sua maravilhosa luz." 1 Pedro, 2:9

Os verdadeiros cristãos são uma geração escolhida, um povo peculiar. Paulo fala que são o templo de Deus, as pedras com as quais esse templo é construído.

Cristo é o alicerce, ou a pedra angular. Salmos, 4:3: "Mas sabei que o Senhor separou para si aquele que é piedoso". Os amigos de Deus foram escolhidos para serem Seu povo, para mostrar-lhes Seu favor, para servirem e glorificarem a Deus, e para revelar a eles a glória de Sua graça divina. A palavra "eleição" denota uma escolha. Os eleitos são favorecidos pela graça eletiva do resto da humanidade, separados como o joio do trigo.

30 DE MARÇO

"Haveis sido lavados, justificados em nome do Senhor Jesus, e pelo Espírito do nosso Deus." 1 Coríntios, 6:11

Nenhuma excelência dos eleitos influencia Deus em Sua escolha. A eleição é apenas por Sua boa vontade. Não é por Deus os considerar santos que os escolhe, mas para que sejam santos, "antes da fundação do mundo, para que fôssemos santos e irrepreensíveis diante d'Ele em amor. E nos predestinou para filhos de adoção por Jesus Cristo, segundo o beneplácito de sua vontade" (Efésios, 1:4-5). Deus não os escolhe por qualquer respeito que tenham por Ele mais do que os outros, mas porque eles o amam: "Não que nós tenhamos amado a Deus, mas que ele nos amou, e enviou seu Filho para ser a propiciação pelos nossos pecados" (1 João, 4:10).

31 DE MARÇO

"Não me escolhestes vós a mim, mas eu vos escolhi a vós, e vos nomeei, para que vades e deis fruto, e o vosso fruto permaneça." João, 15:16

A fé é a consequência da eleição, e não a causa dela, como registrado em Atos, 13:48: "E os gentios, ouvindo isto, alegraram-se, e glorificavam a palavra do Senhor; e creram todos quantos estavam ordenados para a vida eterna". Deus escolhe as pessoas, e as faz vir a Ele. "E aos que predestinou a estes também chamou; e aos que chamou a estes também justificou; e aos que justificou a estes também glorificou" (Romanos, 8:30:). Não é por qualquer qualificação que Deus escolhe as pessoas, mas sim: "Segundo o seu propósito e graça, que nos foi dada em Cristo Jesus, antes dos tempos eternos" (2 Timóteo, 1:9).

1º DE ABRIL

"Para que agora, pela igreja, a multiforme sabedoria de Deus seja conhecida dos principados e potestades nos céus." Efésios, 3:10

A sabedoria que aparece no caminho da salvação por Jesus Cristo está muito acima da sabedoria dos anjos. O apóstolo está falando no contexto da gloriosa doutrina da redenção dos pecadores por Jesus Cristo. Em razão de ter sido mantido oculto nas eras passadas, era um mistério não compreendido, mas veio à luz de maneira gloriosa, "por isso, podeis perceber a minha compreensão do mistério de Cristo, o qual noutros séculos não foi manifestado aos filhos dos homens, como agora tem sido revelado pelo Espírito aos seus santos apóstolos e profetas". E no versículo 8, diz: "A mim, o mínimo de todos os santos, me foi dada esta graça de anunciar entre os gentios, por meio do evangelho, as riquezas incompreensíveis de Cristo". Paulo diz que tudo o que Cristo realizou para com Sua igreja, a obra da redenção, não apenas desvendou o mistério, mas também que Deus abriu a glória de sua sabedoria para os anjos, chamados de "principados e potestades nos lugares celestiais". Em 1 Coríntios, 2:8, esclarece: "A qual nenhum dos príncipes deste mundo conheceu; pois se soubessem disso, não teriam crucificado o Senhor da glória". A sabedoria da salvação por Jesus Cristo está muito acima da sabedoria dos anjos. Ele menciona que os anjos cada vez mais, por toda a eternidade, podem compreender a sabedoria de Deus em Sua obra de redenção.

2 DE ABRIL

"Se o Filho vos libertar, verdadeiramente sereis livres." João, 8:36

Quando Deus planejou a redenção da humanidade, em Sua grande sabedoria escolheu o próprio Filho para realizar a obra, chamado nas Escrituras de eleito de Deus (Isaías, 42:1). Esse redentor precisava ser uma pessoa divina, pois ninguém poderia eliminar o mal do pecado, a não ser alguém de infinita dignidade e valor, a fim de que o amor do Pai por Ele pudesse equilibrar a ofensa causada por nossos pecados. Jesus é chamado de amado (Efésios, 1:6), pois o salvador precisava ter misericórdia e amor para realizar um trabalho tão difícil: salvar uma criatura tão indigna como o ser humano. Apesar de haver três pessoas na Trindade, somente o Filho era adequado para ser nosso redentor.

3 DE ABRIL

"E nos levantou uma salvação poderosa." Lucas, 1:69

Cristo, ao ser mediador entre o Pai e os santos, pode ser considerado mediador entre o Pai e o Espírito Santo, que atua nos santos. É o Espírito nos santos que busca a bênção de Deus, pela fé e pela oração, como diz Paulo: "Não sabemos o que havemos de pedir como convém; mas o próprio Espírito intercede por nós, com gemidos inexprimíveis" (Romanos, 8:26). Somente um Deus infinitamente sábio poderia ter eleito Jesus como salvador, pois pecamos contra o Altíssimo, e merecíamos castigo. Só Jesus poderia colocar seu coração no ser humano, exercer infinito amor e piedade para nos redimir, porque "Grande é a sua glória pela Tua salvação; glória e majestade puseste sobre Ele" (Salmos, 21:5).

4 DE ABRIL

"Descobrindo-nos o mistério da sua vontade, segundo o seu beneplácito, de tornar a congregar em Cristo todas as coisas, tanto as que estão nos céus como as que estão na terra." Efésios, 1:9-10

Após a escolha do redentor, Deus precisou planejar como a obra seria realizada. Primeiro, Seu Filho teve de se tornar nosso representante, recebendo o castigo em nosso lugar. Depois, foi determinada a encarnação de Jesus para nos redimir, tornando-se como os pecadores, sujeito às enfermidades, paixões, precisando de comida e roupas, sem ter onde reclinar a cabeça, porque não teria sido adequado que aparecesse com pompa terrena, pois "a loucura de Deus é mais sábia do que os homens" (1 Coríntios, 1:25). Assim, Cristo nos ensinou a ser humildes de coração.

5 DE ABRIL

"Bem-aventurados os limpos de coração, porque eles verão a Deus."
Mateus, 5:8

Apenas ouvir falar da pessoa não satisfaz o amor. Por isso, está prevista a possibilidade de vermos Deus, o objeto do nosso amor supremo. Não apenas ler sobre Ele em Sua palavra, mas vê-lo com um olhar espiritual, ter essa satisfação não através de um espelho obscuro, como vemos agora, mas face a face (1 Coríntios, 13:12), pois veremos Cristo como Ele é (1 João, 3:2). Nós habitaremos na casa de nosso Pai para sempre. Ele deseja que sejamos d'Ele de uma maneira distinta, Seu povo peculiar, porque "todos nós, com rosto descoberto, refletindo como um espelho a glória do Senhor, somos transformados de glória em glória na mesma imagem, como pelo Espírito do Senhor" (2 Cor., 3:18).

6 DE ABRIL

"Ouvistes a palavra da verdade, o evangelho da vossa salvação; e, tendo nele também crido, fostes selados com o Espírito Santo da promessa." Efésios, 1:13

Quando Cristo estava prestes a empreender a grande obra de redenção, Ele não adotou o método que qualquer criatura teria considerado o mais adequado, ou seja, ter sido exaltado, em vez de humilhado. Os reis e príncipes terrestres envolvidos em um trabalho difícil aparecem em toda a sua majestade e poder. Mas a sabedoria de Deus adotou um método oposto, pois "sendo em forma de Deus, não teve por usurpação ser igual a Deus, mas esvaziou-se, tomando a forma de servo, fazendo-se semelhante aos homens, humilhou-se a si mesmo, sendo obediente até à morte, e morte de cruz" (Filipenses, 2:6; 8).

7 DE ABRIL

"A loucura de Deus é mais sábia que os homens." 1 Coríntios, 1:25

Deus tirou força da fraqueza, glória da reprovação. A sabedoria divina fez da humilhação de Cristo o meio de nossa exaltação, o único meio pelo qual podemos ter vida eterna. Uma bênção surgiu da maldição, nossa bem-aventurança eterna, desde que Cristo foi feito maldição por nós. Nossa justiça pela culpa imputada a Cristo, pois Ele foi feito pecado por nós para que fôssemos feitos justiça de Deus (2 Cor., 5:21). Por meios tão maravilhosos a sabedoria de Deus obteve nossa salvação. Somos levados a uma união maior e mais próxima com Deus, quando Jesus nos ensinou a chamá-lo de nosso Pai. João, 20:17: "Vai para meus irmãos, e dize-lhes que eu subo para meu Pai e vosso Pai".

8 DE ABRIL

"Aquele que nos amou, e em seu próprio sangue nos lavou dos nossos pecados, e nos fez reis e sacerdotes para Deus e seu Pai; a quem seja a glória e o domínio para sempre." Apocalipse, 1:5-6

Uma das maravilhas na obra da redenção é que, quando caímos, houve uma separação entre Deus e nós, mas isso se tornou uma ocasião para uma união

47

maior. Jesus diz: "Não rogo somente por estes, mas também por aqueles que pela Tua palavra hão de crer em mim, para que todos sejam um, como Tu, ó Pai, o és em mim, e eu em Ti; que também eles sejam um em nós, para que o mundo creia que Tu me enviaste. E eu dei-lhes a glória que a mim me deste, para que eles sejam perfeitos em unidade, e que os tens amado a eles como me tens amado a mim" (João, 17:20,23).

9 DE ABRIL

"E creram todos quantos estavam ordenados para a vida eterna."
Atos 13:48

Quando Cristo revelou o plano de Deus de nossa redenção, quão cegos eram os escribas e fariseus. Eles não viram nenhuma glória naquele Evangelho que Cristo lhes pregou, por isso foram chamados de tolos e cegos (Mateus, 23:17). Em todos os lugares onde os apóstolos pregaram, alguns acreditaram e outros não (Atos, 28:24). E assim ainda acontece nos lugares onde o Evangelho é pregado. Deus tem um pequeno número cujos olhos Ele abre, que são chamados das trevas para a luz. Mas quantos há que nunca veem a glória divina, nada que desperte qualquer admiração. Isso mostra a extrema maldade no coração das pessoas "A pregação da cruz é loucura para os que perecem" (1 Cor., 1:18).

10 DE ABRIL

"Irei e voltarei ao meu lugar, até que se reconheçam culpados e
busquem a minha face; estando eles angustiados, de madrugada me
buscarão." Oséias, 5:15

Quando o povo de Deus clama, antes que Deus o liberte e o restaure, deseja que seja buscado de todo o coração. Então, em resposta às suas orações, liberta, restaura e promove sua igreja, de acordo com Sua promessa, como diz o profeta Isaías (58:9): "Clamarás, e o Senhor te responderá; gritarás, e Ele dirá: Eis-me aqui". E Isaías também declara que Ele "enxugará as lágrimas de todos os rostos [...]. E naquele dia se dirá: Eis que este é o nosso Deus, a quem aguardávamos, e Ele nos salvará; este é o Senhor, a quem aguardávamos; na sua salvação gozaremos e nos alegraremos" (Isaías, 25:8-9.)

11 DE ABRIL

"Como escaparemos nós, se não atentarmos para uma tão grande salvação, a qual, começando a ser anunciada pelo Senhor, foi-nos depois confirmada pelos que a ouviram." Hebreus, 2:3

Até o Evangelho iluminar o mundo, as pessoas tinham apenas noções de qual caminho seria adequado para chegar a Deus. A maioria pensava que havia muitos deuses. "Eles mudaram a glória do Deus incorruptível em semelhança da imagem de homem corruptível, e de aves, e de quadrúpedes, e de répteis" (Romanos, 1:23). Até os filósofos tinham noções imperfeitas do Ser Supremo. "Porque somos para Deus o suave perfume de Cristo, nos que são salvos e nos que perecem. Para um somos um cheiro de morte para morte; e para o outro somos um cheiro de vida para vida" (2 Coríntios, 2:15).

12 DE ABRIL

"Jerusalém, quantas vezes quis eu ajuntar os teus filhos, como a galinha ajunta os seus pintos debaixo das asas, e tu não quiseste!" Mateus, 23:37

Algumas pessoas são culpadas de ter desprezo pela sabedoria de Deus no plano da salvação. Primeiro, negligenciam sua salvação, dizem que tudo é em vão, que não veem nenhuma necessidade de um Salvador. Elas gostam do estado em que se encontram e não desejam mudar. Segundo, esforçam-se para inventar alguma maneira de serem salvas pela própria justiça. Terceiro, pensam que são grandes pecadores, e Deus não estará disposto a perdoá-las. A salvação está à sua porta e o Salvador chama para que você abra. Jesus possa trazê-la para você. Tudo o que Ele pede é que seu coração O aceite como Salvador.

13 DE ABRIL

"Por amor do Teu nome, Senhor, perdoa a minha iniquidade, pois é grande." Salmos, 25:11

É evidente nesse salmo que era um momento de aflição para Davi, como nos versos 15 e seguintes: "Meus olhos estão sempre voltados para o Senhor; porque Ele tirará meus pés da rede". Sua angústia o faz confessar seus pecados, e clamar a Deus por perdão. No verso 7, diz: "Não te lembres dos pecados da minha juventude, nem das minhas transgressões", e no 18: "Olha para a minha aflição, e perdoa todos os meus pecados". Ele não busca perdão por causa da justiça própria ou de boas ações como compensação por seus pecados. Deus permite um apelo assim, pois Ele é movido à misericórdia. Ele não tem pena dos pecadores porque são dignos, mas porque precisam de Sua piedade.

14 DE ABRIL

"Por Ele todos os que creem são justificados de todas as coisas das quais não poderiam ser justificados pela lei de Moisés." Mateus, 13:39

Se realmente a Deus em busca de misericórdia, a grandeza do nosso pecado não será um impedimento ao perdão. Devemos ver nossa miséria e ter consciência de nossa necessidade de misericórdia, mas também é preciso ter consciência de que Deus terá misericórdia pela graça soberana, e não por qualquer boa obra que façamos. Os que se dirigem a Deus em busca de misericórdia da maneira correta não estão criticam Sua severidade, mas eles chegam com a sensação de sua total indignidade, como se estivessem com cordas no pescoço, esperando misericórdia, porque "o sangue de Cristo purifica de todo pecado" (1 João, 1:7).

15 DE ABRIL

"E lhe darei as suas vinhas dali, e o vale de Acor, por porta de esperança; e ali cantará, como nos dias de sua mocidade, e como no dia em que subiu da terra do Egito." Oséias, 2:15

Israel estava ameaçado pela terrível desolação que Deus estava prestes a trazer, quando o profeta advertiu que essas coisas se cumpriram no cativeiro de Israel na terra da Assíria. Mas, segue-se uma graciosa promessa de misericórdia, nos versos 19 e 20: "E desposar-te-ei comigo para sempre, em justiça e em juízo, em benignidade e em misericórdia". Devemos abraçar a Cristo e confiar n'Ele como o Salvador do pecado. Deus costuma abrir uma porta de esperança através da qual brilha uma doce luz do céu sobre a alma. Então, surge o conforto, e um novo cântico de louvor.

16 DE ABRIL

"Deus da minha salvação, chegue a minha oração perante a Tua face, inclina os Teus ouvidos ao meu clamor." Salmos, 88:1-2

Quando um cristão estiver em trevas, Deus costuma dar esperança e conforto, que às vezes permanece sem grande interrupção durante um tempo considerável. Alguns vivem mais na luz do que outros, mas muitos cristãos enfrentam trevas e tempos em que as suas esperanças ficam nubladas. Assim parece ter sido com David, como vemos no verso 6: "Tu me colocaste no abismo mais profundo". É o pecado que dá origem a essa escuridão. Mas a mão de Deus pode salvar, como disse Davi, em Salmos, 59:16: "Pela manhã louvarei com alegria a Tua misericórdia; porquanto Tu foste o meu alto refúgio, e proteção no dia da minha angústia".

17 DE ABRIL

"Cria em mim, ó Deus, um coração puro, e renova em mim um espírito reto." Salmos, 51:10

A graça no coração, embora terrivelmente oprimida pelo pecado, resistirá por haver um princípio de vida espiritual na alma de um cristão. Assim como um pecador, antes de sua conversão, é colocado em apuros, os santos têm desconforto depois de seus retrocessos, antes de a esperança ser renovada. Assim parece ter acontecido com Davi um pouco antes de sua restauração espiritual, pois orava: "Tem misericórdia de mim, ó Deus, segundo a Tua benignidade. Lava-me completamente da minha iniquidade, e purifica-me do meu pecado" (Salmos, 51:1-2). Deus restaura o conforto. "Por um breve momento te deixei, mas com grandes misericórdias te recolherei" (Isaías, 54:7).

18 DE ABRIL

"Sua misericórdia é de geração em geração sobre os que o temem." Lucas, 1:50

A alma graciosa, quando convencida do pecado, fica profundamente humilhada. Há um arrependimento, o coração fica partido pelo pecado. Esse sacrifício é oferecido a Deus. Davi, em vez de holocaustos, após sua grande queda, diz: "Os sacrifícios para Deus são o espírito quebrantado; a um coração quebrantado e contrito não desprezarás" (Salmos, 51:17). Cristãos convencidos do pecado são levados a uma nova convicção de quão indignos eles são de qualquer misericórdia. E funciona, pois comumente eles se tornam mais humildes durante toda a sua vida futura. Há um ato renovado de confiança em Jesus, pois passam a ter uma dependência mais completa da plenitude de Cristo.

19 DE ABRIL

"Que os homens orem em toda parte, levantando mãos santas, sem ira nem contenda." 1 Timóteo, 2:8

Cristo nos ensinou a desejar o bem e a orar pela prosperidade de todos, até dos nossos inimigos (Mateus, 5:44). Paulo diz: "Abençoai os que vos perseguem; abençoai e não amaldiçoeis" (Romanos, 12:14). Muitas pessoas ficam zangadas com qualquer coisa que seja contra elas, mas é precisam ter consciência de que "a ira repousa no seio dos tolos" (Eclesiastes, 7:9). Se você permitir manter raiva de alguém, tal espírito o incapacita para os deveres da religião. Deus ordena a não nos aproximarmos de seus altares enquanto estivermos em inimizade com outros, mas primeiro nos reconciliarmos com nosso irmão e, depois, oferecer nossa dádiva (Mateus, 5:24).

20 DE ABRIL

"Não atente cada um para o que é propriamente seu, mas cada qual também para o que é dos outros." Filipenses, 2:4

O Evangelho mostra que amar a nós mesmos não é ilegal, pois Cristo ordena: "Amarás o teu próximo como a ti mesmo" (Mateus, 19:19). O egoísmo constitui um amor próprio desordenado, ao passo que o espírito de caridade nos leva não apenas a buscar a própria felicidade, mas também a dos outros. Os cristãos devem "provar qual seja a boa, agradável e perfeita vontade de Deus" (Romanos, 12:2), como diz Paulo: "Não servindo à vista, como para agradar aos homens; mas como servos de Cristo, fazendo de coração a vontade de Deus" (Efésios, 6:6). A caridade é um espírito oposto ao egoísmo, pois é um espírito solidário e misericordioso.

21 DE ABRIL

"Os que creem em Deus procurem aplicar-se às boas obras." Tito, 3:8

A pessoa de espírito reto tem preocupação com o bem-estar da sociedade. Deus ordenou aos judeus que foram levados cativos para a Babilônia: "Procurai a paz da cidade, para onde vos fiz transportar em cativeiro, e orai por ela ao Senhor; porque na sua paz vós tereis paz" (Jeremias, 29:7). O cristão deve zelar pelo bem do local de sua residência. Paulo se preocupava com o bem-estar de todos, disposto a tornar-se como eles eram (1 Coríntios, 9:19-23), se possivelmente pudesse salvar alguns. Busque o bem do rebanho sobre o qual o grande Pastor o colocou, vigie-o, e o conduza a boas pastagens, defendendo-o de lobos. Qualquer que seja o posto em que seja colocado, torne o mundo melhor.

22 DE ABRIL

"O meu mandamento é este: Que vos ameis uns aos outros, assim como eu vos amei." João, 15:12

Os que verdadeiramente amam a Deus O amam de modo a se dedicarem inteiramente a Ele e ao seu serviço. Isso nos é ensinado na soma dos dez mandamentos: "Amarás o Senhor teu Deus de todo o teu coração, e de toda a tua alma, e de todo o teu entendimento, e de todas as tuas forças" (Marcos, 12:30). E as Escrituras nos dão ainda a noção da caridade cristã, que mostra quão contrária ela é ao egoísmo, amar como Cristo amou: "Um novo mandamento vos dou: que vos ameis uns aos outros como eu vos amei" (João, 13:34). É chamado de novo mandamento em razão de o amor de Cristo ter sido maravilhosamente manifestado, que devemos amar ao próximo como Ele nos amou.

23 DE ABRIL

"Deus prova o seu amor para conosco, em que Cristo morreu por nós, sendo nós ainda pecadores." Romanos, 5:8

Se apenas aceitarmos o amor de Jesus, Ele nos abraça e une Seu coração a nós. Ele considera nossas preocupações como Suas, e até tomou nossa culpa. Seu amor nos torna membros do Seu corpo, a ponto de declarar: "Quando o fizestes a um destes meus pequeninos irmãos, a mim o fizestes" (Mateus, 25:40). Jesus derramou o próprio sangue por nós e ofereceu-se como sacrifício à justiça de Deus, para que pudéssemos ser perdoados, aceitos e salvos, sem qualquer expectativa de retribuirmos. Não seremos egoístas se amarmos uns aos outros sem esperar retribuição. Se esse for o nosso espírito, seremos altruístas no coração e na vida.

24 DE ABRIL

"E não nos cansemos de fazer bem, porque a seu tempo ceifaremos."
Gálatas, 6:9

Se você é cristão como professa ser, então, "você não pertence a si mesmo, porque foi comprado por bom preço, pelo precioso sangue de Cristo" (1 Coríntios, 6:19-20; 1 Pedro, 1:19). Por isso, não deve buscar os próprios interesses ou prazeres, mas a glória de Deus. E o apóstolo acrescenta: "Glorificai a Deus no vosso corpo e no vosso espírito, que pertencem a Deus". Você estava em uma condição miserável e perdida, mas Cristo o redimiu, e então você é d'Ele. Quão impróprio é que seja egoísta. O trabalho que realiza, dia após dia, deve ser para o bem de todos, ajudar e consolar os outros, promover o bem-estar e a felicidade geral, e assim, a glória de Cristo.

25 DE ABRIL

"Tudo quanto fizerdes por palavras ou por obras, fazei tudo em nome do Senhor Jesus." Colossenses, 3:17

Se você for egoísta e fizer de si mesmo e de seus interesses particulares seu ídolo, Deus não o abençoará. Os recursos do Universo se movem sob as ordens de Deus, e Ele pode facilmente comandá-los para o seu bem-estar. Ao colocar sua felicidade em Deus, glorificá-lo e servi-lo fazendo o bem acima de todas as coisas, você promoverá sua riqueza, honra e prazer aqui embaixo, e obterá no futuro uma coroa de glória e prazeres para sempre à direita de Deus. Sim, "todas as coisas" serão suas, "seja o mundo, seja a vida, seja a morte, seja o presente, seja o futuro; tudo é vosso, e vós de Cristo, e Cristo de Deus" (1 Coríntios, 3:21-22).

26 DE ABRIL

"Bem-aventurados os pobres de espírito: porque deles é o reino dos céus." Mateus, 5:3

Jesus é a mais excelente e gloriosa de todas as criaturas, manso e humilde de coração, e excede todos os outros seres em humildade. A natureza de Deus é, de fato, infinitamente oposta ao orgulho, está em conformidade com a regra do apóstolo (Romanos, 12:3), de que não pensemos de nós mesmos além do que convém, mas sobriamente, de acordo com a medida da fé que Deus deu a cada um de nós. Isaías declarou: "Assim diz o Alto e o Sublime, que habita na eternidade, e cujo nome é Santo: Num alto e santo lugar habito; como também com o contrito e abatido de espírito, para vivificar o espírito dos humildes e para vivificar o coração dos contritos" (Isaías, 57:15).

27 DE ABRIL

"Não ambicioneis coisas altas, mas acomodai-vos às humildes; não sejais sábios em vós mesmos." Romanos, 12:16

Confessar a própria insignificância, considerar-se indigno de qualquer misericórdia, é a disposição da alma humilde, que se prostra diante de Deus e se humilha, passando a depender apenas d'Ele, a ter prazer em ter o Senhor como seu refúgio. O humilde está disposto a renunciar a toda a glória que tem ou faz e a entregá-la totalmente a Deus. Se há algo de bom nele, ou alguma boa obra, não é sua disposição se gloriar ou se vangloriar disso diante de Deus, mas de atribuir tudo a Deus, como na linguagem do salmista: "Não a nós, Senhor, não a nós, mas ao Teu nome dá glória, por amor da Tua benignidade e da Tua verdade" (Salmos, 115:1).

28 DE ABRIL

"Ao que quiser pleitear contigo, e tirar-te a túnica, larga-lhe também a capa; e, se qualquer te obrigar a caminhar uma milha, vai com ele duas." Mateus, 5:40-41

O espírito humilde não busca impor a própria vontade nos assuntos públicos nem nos privados. Não age como alguns que o apóstolo Pedro descreve, sempre empenhados em defender seus pontos e, se não conseguem, empenham-se em se opor e irritar os outros (2 Pedro, 2:10). A pessoa humilde tem um espírito submisso aos outros, age pelo bem da paz, visa apenas à causa do Senhor, que é a causa da verdade e da virtude, não tem o comportamento dos fariseus, que faziam todas as suas obras só para serem vistos (Mateus, 23:5), mas se satisfaz porque o grande Ser que vê em segredo a verá e a aprovará.

29 DE ABRIL

"Toda a alma esteja sujeita às potestades superiores; porque não há potestade que não venha de Deus." Romanos, 13:1

A pessoa humilde estará disposta a que todos se elevem até onde seu valor de caráter lhes permitam, bem como a que seus superiores sejam reconhecidos, prestando-lhes todas as honras devidas. Não desejará que todos estejam no mesmo nível, pois sabe que é melhor que haja gradações na sociedade. Contenta-se com o arranjo divino de conformar seu espírito e comportamento a preceitos bíblicos: "rendei a todos o que lhes é devido: a quem tributo, tributo; a quem temor, temor; a quem honra, honra" (Romanos, 13:7), e "estejam sujeitos aos principados e potestades, que lhes obedeçam, e estejam prontos para toda boa obra" (Tito, 3:1).

30 DE ABRIL

"Revesti-vos, pois, como eleitos de Deus, santos e amados, de entranhas de misericórdia, de benignidade, humildade, mansidão, longanimidade." Colossenses, 3:12

Paulo diz: "Ninguém busque o que é seu, mas cada um a riqueza dos outros" (1 Coríntios, 10:24). Não devemos agradar a nós mesmos, mas sim ao próximo no que é bom, para edificação (Romanos, 15:1-2). Uma pessoa egoísta dá grande importância às aflições que sofre, como se suas privações ou sofrimentos fossem maiores do que os de qualquer outra pessoa. Não é capaz de entender as necessidades dos outros. Mas a de espírito caridoso é capaz de ver as aflições dos outros, perceber seu agravamento e se preocupar, como ficaria consigo mesmo se estivesse em dificuldades. O cristão deve estar pronto para ajudar, a ter prazer em suprir as necessidades e aliviar as dificuldades dos outros. Deve obedecer àquela ordem do apóstolo de valorizar o espírito de "sabedoria que vem do alto" (Tiago, 3:17), que é "cheio de misericórdia", ser como o homem mencionado pelo salmista, "misericordioso" (Salmos, 37:26). O espírito solidário e misericordioso, o espírito de caridade, exercido para com os nossos semelhantes, é o oposto de um espírito egoísta. Não só procura o bem dos outros que estão em aflição, mas também está pronto para se comunicar com todos e avançar para promover seu bem-estar, sempre que houver oportunidade. De fazer o bem e de comunicar-se, não se esquece (Hebreus, 13:16), mas obedece à exortação: "Enquanto tivermos oportunidade, façamos o bem a todas as pessoas" (Gálatas, 6:10).

1º DE MAIO

"A soberba do homem o abaterá, mas a honra sustentará o humilde de espírito." Provérbios, 29:23

Aquele que tem um espírito humilde, se tiver caído em alguma falta, pois todos estão sujeitos a cair em algum momento, ou se em alguma coisa ele tiver prejudicado a outrem, ou desonrado o nome e o caráter cristão, estará disposto a reconhecer sua culpa e a tomar a vergonha para si mesmo. Não será difícil para ele ter consciência de sua culpa nem experimentar essa sensação por meio de um reconhecimento adequado de seu erro. Ele estará pronto para mostrar sua humildade da maneira que o apóstolo aponta: "Confessem suas faltas uns aos outros" (Tiago, 5:16). É o orgulho que faz as pessoas terem dificuldades para confessar sua culpa quando cometem um erro, pois, na verdade, é a sua maior honra. O comportamento humilde faz as pessoas confessarem suas faltas até com prazer. E quando alguém der a tal pessoa uma admoestação ou repreensão cristã por qualquer falta, a humildade o disporá a aceitar isso com gentileza e até com gratidão. É o orgulho que deixa as pessoas tão inquietas quando são reprovadas por qualquer um de seus semelhantes, muitas vezes não conseguindo suportar. Ao contrário, ficam iradas e manifestam grande amargura de espírito. Só a humildade faz as pessoas não apenas tolerarem tais repreensões, mas também estimá-las e valorizá-las como sinais de bondade e amizade. "Faça-me o justo", diz o salmista (Salmos, 141:5), "será uma benignidade; e repreenda-me, será um óleo excelente, que não quebrará minha cabeça".

2 DE MAIO

"Nisto conhecemos que estamos n'Ele, e Ele em nós, pois que nos deu do Seu Espírito." 1 João, 4:13

Ao aceitar a Jesus, o crente se torna um participante imediato da união com o Espírito Santo. Cristo está nele, e ele em Cristo (Romanos, 8:9-10). A união se dá em razão de a videira obter a seiva, a vida, e é o Espírito Santo quem faz a aplicação. A paz com Deus, obra pela qual o Espírito opera nos eleitos, efetua essa união, é a fé. Deus olha para o pecador como sendo um com Cristo, união que faz a alma ter paz com Deus. É a santificação do coração e da vida, incluindo a fé e todas as outras graças. E é assim que o Espírito de Deus dá uma paz indescritível. É o selo do Espírito (Efésios, 1:13), o penhor do Espírito no coração (2 Coríntios, 1:22).

3 DE MAIO

"Graça e paz vos sejam multiplicadas, pelo conhecimento de Deus, e de Jesus nosso Senhor." 2 Pedro, 1:2

A paz que Cristo deixou como legado a todos os seus verdadeiros santos, foi como se dissesse que não levaria todo o conforto. Os discípulos tiveram paz em meio aos problemas que enfrentaram. As palavras de Jesus sobre a paz ("A minha paz vos dou" – João, 14:27) fazem parte de um discurso muito afetuoso e comovente, na mesma noite em que foi traído, sabendo que seria crucificado no dia seguinte. Começa no verso 31 do capítulo 13 e continua até o final do capítulo 16, depois de participar da Páscoa, quando instituiu o sacramento da ceia, o discurso de despedida, com a promessa daquela paz que deixaria com eles, e que eles teriam n'Ele e com Ele.

4 DE MAIO

"Porque lhes dei as palavras que tu me deste; e eles as receberam, e creram que me enviaste." João, 17:8

Em sua oração antes de ser levado, Jesus diz a Deus, que estava prestes a O receber no céu: "Eu glorifiquei-te na terra, tendo consumado a obra que me deste a fazer" (João, 17:4). Nos versos 11 e 12, suplica: "Pai santo, guarda em Teu nome aqueles que me deste, para que sejam um, assim como nós. Estando eu com eles no mundo, guardava-os em Teu nome". Depois de ter pedido ao Pai para livrar do mal seus discípulos e santificá-los na verdade (João, 17:15,17), e não somente eles, mas também os que viriam a crer, Cristo conclui: "Eu lhes fiz conhecer o Teu nome, para que o amor com que me tens amado esteja neles, e eu neles esteja" (João, 17:26).

5 DE MAIO

"É Mediador de um novo testamento, para que, intervindo a morte para remissão das transgressões que havia debaixo do primeiro testamento, os chamados recebam a promessa da herança eterna." Hebreus, 9:15

Na Nova Aliança Cristo transmite aos crentes Sua herança, a vida eterna. Eles herdam o mesmo reino que o Pai lhe designou (Lucas, 22:29), e reinarão no seu trono (Apocalipse, 3:21). Os crentes são representados nas Escrituras como filhos de Cristo, que renovou e confirmou a promessa da herança eterna, na noite anterior ao dia de sua crucificação, ao prometer mansões na casa de Seu Pai (João 14:1,3), e todas as bênçãos que quiserem pedir em Seu nome (João, 15:7). Jesus confirma a promessa do Espírito Santo, as bênçãos da aliança da graça.

6 DE MAIO

"O Senhor dará força ao seu povo; o Senhor abençoará o seu povo com paz." Salmos, 29:11

Jesus legou paz a seus seguidores, por isso é chamado de Príncipe da Paz (Isaías, 9:6), e quando nasceu no mundo, os anjos cantaram: "Glória a Deus nas alturas, paz na terra". Ele concedeu a seus seguidores paz com Deus e uns com os outros, ao obter para eles a o perdão de todas as suas ofensas quando pagou por seus pecados. Por isso, eles não precisam ter medo do dia do julgamento, quando os céus e a terra serão dissolvidos, e ainda que os montes sejam levados para o meio do mar, porque Deus é seu refúgio e fortaleza (Salmos, 46:1-2). Sim, um verdadeiro santo tem motivos para descansar na certeza de que nada pode separá-lo do amor de Deus (Romanos, 8:38-39).

7 DE MAIO

"E o meu povo habitará em morada de paz, e em moradas bem seguras, e em lugares quietos de descanso." Isaías, 32:18

Os verdadeiros seguidores de Cristo não têm apenas descanso e paz de alma, mas também seu título seguro e gozo certo de todo o bem de que necessitam, vivendo, morrendo, e por toda a eternidade. Estão sobre um alicerce seguro para a felicidade, uma rocha que nunca pode ser movida, bem como têm uma fonte que nunca pode ser esgotada. Paulo diz: "Para que por duas coisas imutáveis, nas quais é impossível que Deus minta, tenhamos a firme consolação, nós, os que pomos o nosso refúgio em reter a esperança proposta, a qual temos como âncora da alma, segura e firme" (Hebreus, 6:18-19). Portanto, eles têm motivos para descansar o coração.

8 DE MAIO

"Todos nós recebemos também da sua plenitude, e graça por graça."
João, 1:16

As palavras de Cristo, em João, 4:14, sobre quem "beber da água que eu lhe der, nunca terá sede", é a verdadeira graça de ter paz e tranquilidade, pois mortifica desejos e paixões tumultuadas, subjuga a ganância pelas vaidades do mundo. Jesus mortifica o ódio, a discórdia, a ira, a inveja, fontes de inquietação e de perturbação, e fornece princípios doces e tranquilizadores de humildade, mansidão, paciência, gentileza, perdão e doce confiança em Deus. Sua graça nos dá paz em razão de o coração estar fixado na escolha de um bem certo, suficiente e infalível, e o objetivo da alma nesse sentido, como uma âncora que a mantém firme, é que não seja mais perturbada.

9 DE MAIO

"Muita paz têm os que amam a Tua lei, e para eles não há tropeço."
Salmos, 119:165

A paz de Cristo é um benefício precioso, que Ele reserva para os seus verdadeiros seguidores. As coisas mundanas não podem satisfazer suas almas como um alimento verdadeiramente substancial e satisfatório. Mas a paz de Cristo é o pão que satisfaz (Isaias, 55:2). Há uma espécie de falsa paz que as pessoas podem ter no seu desfrute das coisas mundanas, pois podem dizer às suas almas, como fez o homem rico, em Lucas, 12:19, "descansa, come, bebe e folga", mas o descanso para a alma tem fundamento na visão correta das coisas, não na ilusão. A paz que o povo de Cristo tem surge de verem as coisas como elas são. Quanto mais conhecem a verdade, mais essa paz se estabelece.

10 DE MAIO

"Sigamos as coisas que servem para a paz e para a edificação de uns para com os outros." Romanos, 14:19

A tranquilidade cristã, o descanso e a alegria não são apenas privilégios indescritíveis, mas também virtudes e graças do Espírito de Deus concedidas aos verdadeiros santos, princípios virtuosos e amáveis, como a humildade, o amor divino, a mansidão e a caridade, os frutos abençoados do Espírito mencionados em Gálatas, 5:22-23. A paz de Deus é tão acima das coisas mundanas, que ultrapassa a compreensão (Filipenses, 4:7), porque a grandeza do bem de que os santos desfrutam provém da infinita generosidade e plenitude d'Aquele Deus que é a fonte de todo o bem. Seu conforto e alegria são uma fonte viva na alma jorrando para a vida eterna.

11 DE MAIO

"Tu conservarás em paz aquele cuja mente está firme em ti; porque Ele confia em ti." Isaías, 26:3

Se você até agora gastou seu tempo na busca da satisfação do mundo, nos prazeres e vaidades, tem hoje uma oferta da paz eterna que Cristo concede. Sem Cristo você nunca desfrutará de qualquer verdadeira paz ou conforto, mas será como o pródigo, que em vão se esforçou para ficar satisfeito com as cascas que o os porcos comiam. Deus dá paz aos pecadores que se aproximam d'Ele, cura os quebrantados de coração e suas feridas, mas é impossível que eles tenham paz se continuarem em seus pecados (Isaías, 57:19-21). Em tempos de maior alvoroço e calamidade você será defendido de todas as tempestades e habitará acima das inundações (Salmos, 32:6-7).

12 DE MAIO

"E ouvi uma voz do céu, como a voz de muitas águas, e como a voz de um grande trovão; e ouvi uma voz de harpistas, que tocavam com as suas harpas." Apocalipse, 14:2

João ouviu a voz e a melodia de uma companhia louvando: "Eles cantavam este cântico diante do trono, e diante dos quatro seres viventes e dos anciãos". A voz era dos habitantes celestiais, diante do trono de Deus. Não devemos supor que, quando terminarmos as obras aqui neste mundo, e chegarmos à casa do Pai, não teremos nada para fazer. Serviremos a Deus sem cessar: "Estão diante do trono de Deus, e o servem dia e noite no seu templo". E isso ocorrerá sem qualquer problema, pois "não terão mais fome, nem mais sede, nem o sol brilhará sobre eles nem qualquer calor" (Apocalipse, 7:15-16).

13 DE MAIO

"Digno é o Cordeiro de receber o poder, e riquezas, e sabedoria, e força, e honra, e glória, e ações de graças." Apocalipse, 5:12

João, o amado, teve muitas visões do céu. Ele nos diz que viu uma porta se abrir no céu, e viu o trono de Deus, e relata o louvor: Santo, santo, santo é o Senhor Deus, o Todo-Poderoso, que era, que é e que há de vir (Apocalipse, 4:1,8). E no início do capítulo 19 fala de como as hostes do céu cantam aleluias a Deus. Para uma pessoa estar disposta a louvar, ela deve ser humilde, admirar a bondade e a graça de Deus ao dar Cristo para morrer por ela, e o de Cristo, ao se oferecer por seus pecados, e conceder-lhe vida eterna. A humildade nos faz elevar o coração em louvor a Deus por Suas infinitas misericórdia e graça.

14 DE MAIO

"Há um só corpo e um só Espírito, como também fostes chamados em uma só esperança da vossa vocação." Efésios, 4:4

Não há uma igreja de Cristo no céu e outra aqui na Terra. Embora Cristo tenha muitos membros, os santos do céu e os da Terra formam apenas uma família (Efésios, 3:15). Deus os uniu, para que, "na dispensação da plenitude dos tempos, ele possa reunir em Cristo tanto os que estão nos céus como os que estão na terra" (Efésios, 1:10). Alguns membros de um povo podem estar na própria terra, e outros, em uma terra estranha, mas ainda ser apenas um povo. Membros da família podem estar em casa e outros no exterior. Os que ainda não estejam realmente no céu têm sua herança, e estão viajando em direção ao céu, e chegarão lá em pouco tempo.

15 DE MAIO

"O amor não suspeita mal." 1 Coríntios, 13:5

O amor é contrário à disposição de julgar os outros sem caridade, expressão que significa disposição para pensar o melhor dos outros, mostrar o amor cristão ou divino. Precipitar-se em julgar e condenar os outros é muita falta de caridade, censurando-os antes de ouvir o que têm a dizer em sua defesa, por isso é dito: "Quem responde uma questão antes de ouvi-la, é loucura e vergonha" (Provérbios, 18:13). Paulo admoesta, em Tito, 3:2, para não falar mal de ninguém, não ser briguento, mas mostrar mansidão para com todos, bem como que deixemos de lado "todas as maledicências" (1 Pedro, 2:1). A Bíblia nos lembra de que o habitante do monte santo de Deus, "não calunia com a sua língua" (Salmos, 15:3).

16 DE MAIO

"Tira primeiro a trave do teu olho, e então cuidarás em tirar o argueiro do olho do teu irmão." Mateus, 7:5

A palavra de Deus nos diz para não julgamos os outros: "Não julgueis, para que não sejais julgados; pois, com o julgamento que julgardes, sereis julgados" (Mateus, 7:1-2). E o apóstolo pergunta: "E tu pensas, ó homem, que julgas aqueles que fazem tais coisas, e fazes o mesmo, que escaparás do julgamento de Deus?" (Romanos, 2:3). O que acontece com os outros não precisa de nossa censura, mesmo que seja merecida, pois Deus é quem julga. Paulo diz: "Nada julgue antes do tempo, até que venha o Senhor, o qual trará à luz as coisas ocultas e manifestará os desígnios dos corações; e então todo homem receberá louvor de Deus" (1 Coríntios, 4:5).

17 DE MAIO

"Quem tenho eu no céu senão a Ti? e na terra não há quem eu deseje além de Ti." Salmos, 73:25

O salmista (Asafe) faz uma consideração sobre os ímpios. Ele observa, nos versos 2 e 3: "Quanto a mim, os meus pés quase desapareceram; meus passos quase escorregaram. Pois tive inveja dos tolos, quando vi a prosperidade dos ímpios". Nos versos 4 e seguintes, vê que eles eram prósperos e que viviam bem, então passa a considerar seu fim: por mais que prosperem no presente, chegam a um fim lamentável. O salmista nota que os piedosos têm uma porção muito melhor do que os ímpios, embora não tenham nada, a não ser Deus, que os livra das aflições, e conclui que uma pessoa verdadeiramente piedosa prefere a Deus do que outras coisas, seja no céu, seja na Terra.

18 DE MAIO

"Nossa cidade está nos céus, de onde também esperamos o Salvador, o Senhor Jesus Cristo." Filipenses, 3:20

O céu é a cidade escolhida e a herança do cristão. Ele tem respeito pelo céu, vendo-o de longe, e crendo, confessando ser estrangeiro e peregrino na Terra, e busca sua pátria celestial (Hebreus, 11:13,16). O desejo que um seguidor de Jesus tem pelo céu pode ser comparado a uma criança, quando está no exterior, ela pode ficar satisfeita por um tempo, mas o lugar para onde deseja retornar e onde quer habitar é sua casa. O céu é a verdadeira casa do Pai dos santos: "Na casa de meu Pai há muitas moradas" (João, 14:2). A principal razão pela qual o cristão tem seu coração voltado para o céu é porque Deus está lá, é o palácio do Altíssimo.

19 DE MAIO

"Pensai nas coisas que são de cima, e não nas que são da terra." Colossenses, 3:2

O coração do crente está no céu: "Como o cervo suspira pelas correntes das águas, assim suspira a minha alma por Ti, ó Deus [...] tem sede de Deus, do Deus vivo" (Salmos, 42:1-2). Alguns supõem que existem prazeres bem diferentes no céu, daqueles que as Escrituras nos ensinam. Mas o verdadeiro santo crê na Palavra de Deus de que terá todos os pecados removidos e passará a eternidade no desfrute de Seu amor. Percebem que todos os prazeres não podem satisfazer a alma, exceto Deus, o centro dos seus desejos. "Uma coisa pedi ao Senhor e a buscarei: que eu possa habitar na casa do Senhor todos os dias da minha vida, para contemplar a formosura do Senhor" (Salmos, 27:4).

20 DE MAIO

"Nada trouxemos para este mundo, e manifesto é que nada podemos levar dele." 1 Timóteo, 6:7

Os santos desejam sinceramente ter mais da presença de Deus em seus corações, é o temperamento dos piedosos em geral: "No caminho dos teus juízos, ó Senhor, te esperamos. Com a minha alma te desejei durante a noite, e com o meu espírito dentro de mim te buscarei de madrugada" (Isaías, 26:8-9). Eles procuram ser ricos em graça, mais do que para obter riquezas terrenas, desejam a honra que é de Deus (João, 5:44), e a comunhão com Ele. O apóstolo expressa, em Filipenses, 3:8: "Tenho por perda todas as coisas, pela excelência do conhecimento de Cristo Jesus, pelo qual sofri a perda de todas as coisas, e as considero escória, para que possa ganhar a Cristo".

21 DE MAIO

"Uma herança incorruptível, incontaminável, e que não se pode murchar, guardada nos céus para vós." 1 Pedro, 1:4

A união que existe entre Jesus e a alma de um cristão vale mais do que a maior dignidade terrena. Melhor é ser adornado com as graças do Espírito Santo, do que brilhar em joias de ouro e nas pérolas mais caras, ou ser admirado pela maior beleza externa. Ele prefere os prazeres e deleites espirituais que Deus oferece: "Melhor é um dia nos Teus átrios do que mil; prefiro ser porteiro na casa de Deus do que habitar nas tendas dos ímpios" (Salmos, 84:10). Quaisquer que sejam as riquezas temporais, o cristão prefere as do céu: "O Senhor é a porção da minha herança; tu guardas a minha sorte; sim, tenho uma boa herança" (Salmos, 16:5-6).

22 DE MAIO

"Ele fará surgir a sua pedra angular com júbilo, clamor, graça, graça!" Zacarias, 4:7

A misericórdia de Deus é tudo o que precisamos, e o Senhor se agradou em manifestar essa maravilha da graça divina. "Graça, graça!" será o grito que ressoará no céu para sempre. Os profetas Ageu e Zacarias foram enviados para consolar o desânimo, reforçar a aliança que Deus fez com os que haviam deixado o Egito, prevendo que viriam coisas preciosas de todas as nações para encher a casa de glória (Ageu, 2:5-6). E Zacarias diz a Josué, o sumo sacerdote, sobre a gloriosa dispensação do Evangelho, que seria manifestada por Cristo, a pedra angular, clamando: "Graça, graça". A pedra angular completa toda a obra, significando que o Evangelho seria concluído em Jesus.

23 DE MAIO

"Pela graça sois salvos, por meio da fé; e isto não vem de vós, é dom de Deus." Efésios, 2:8

Deus quis resgatar a humanidade após a queda. Se não houvesse uma imensa fonte de bondade em Deus, Ele nunca teria pensado em nos redimir. O ser humano foi bastante feliz no início, e poderia ter continuado assim por toda a eternidade. Se não tivesse se rebelado voluntária e pecaminosamente contra Deus, nunca teria sido expulso do Paraíso. Mas foi pela ilimitada graça que Deus deu seu único Filho para nossa restauração. Somos dependentes da fé, pois o dom gratuito de Deus "não vem de obras, para que ninguém se glorie, porque somos feitura d'Ele, criados em Cristo Jesus para boas obras, as quais Deus preparou para que andássemos nelas" (Efésios, 2:9-10).

24 DE MAIO

"Quem tem ouvidos para ouvir, ouça." Mateus, 11:15

Verdades são reveladas na palavra de Deus e, portanto, a "luz do glorioso evangelho de Cristo" (2 Cor., 4:4), é usada para transmitir a instrução salvadora aos nossos corações. Ninguém pode ter luz espiritual sem a palavra. A mente não entende qualquer doutrina, a menos que seja pelo Espírito de Deus. Os santos diferem dos ímpios por terem o conhecimento de Deus e uma visão de Jesus Cristo, pois "qualquer que peca não o viu nem o conheceu" (1 João, 3:6). A luz do conhecimento foi mencionada por Mateus (11:25-26): "Jesus disse: Graças te dou, ó Pai, Senhor do céu e da terra, porque escondeste estas coisas dos sábios e entendidos, e as revelaste aos pequeninos, porque assim lhe aprouve".

25 DE MAIO

"O segredo do Senhor está com os que o temem; e Ele lhes mostrará a sua aliança." Salmos, 25:14

A transmissão do conhecimento de Deus é prerrogativa do Filho de Deus: "Porque Deus, que disse que das trevas resplandecesse a luz, é quem resplandeceu em nossos corações, para iluminação do conhecimento da glória de Deus, na face de Jesus Cristo" (2 Coríntios, 4:6). Isso mostra claramente que a descoberta da divina glória e das excelências de Deus e de Cristo é peculiar aos santos, a qual é como a luz do Sol. Davi pediu o dom do entendimento de Deus: "Desvenda os meus olhos, para que eu veja as maravilhas da Tua lei" (Salmos, 119:18). O salmista pede para ver a manifestação da glória divina na palavra sobre a aliança de misericórdia feita por Deus.

26 DE MAIO

"Não são chamados muitos sábios segundo a carne, nem muitos poderosos, nem muitos nobres. Mas Deus escolheu as coisas loucas do mundo para confundir as sábias." 1 Coríntios, 1:26-27

O apóstolo Pedro também fala sobre alcançar a verdade do Evangelho ao pregar sobre o poder de Jesus, quando foi uma das testemunhas oculares de Sua glória: "Ele recebeu de Deus Pai honra e glória, quando da magnífica glória lhe foi dirigida a seguinte voz: Este é o meu Filho amado, em quem me tenho comprazido. E ouvimos esta voz dirigida do céu, estando nós com Ele no monte santo" (2 Pedro, 1:17-18). Sem dúvida, a verdade do Evangelho pode ser alcançada por pessoas simples, porque se só as instruídas fossem capazes, estaria fora do alcance da maior parte da humanidade.

27 DE MAIO

"Porque d'Ele e por Ele, e para Ele, são todas as coisas; glória, pois, a Ele eternamente." Romanos, 11:36

Uma pessoa verdadeiramente humilde percebe haver uma distância natural de Deus, bem como sua dependência d'Ele, que o próprio poder e a sabedoria humana são insuficientes. Sabe que é sustentado pelo poder de Deus, e que precisa de Sua sabedoria para o guiar, e do poder divino para o capacitar, pois "é Deus quem efetua em vocês tanto o querer quanto o realizar, de acordo com a boa vontade d'Ele" (Filipenses, 2:13). A verdadeira virtude, a excelência divina do verdadeiro cristianismo nunca é exibida com tanta vantagem como quando está sob as maiores provações. É então que a verdadeira fé parece muito mais preciosa do que o ouro.

28 DE MAIO

"Tudo sofre, tudo crê, tudo espera, tudo suporta." 1 Coríntios, 13:7

Em seu discurso sobre o amor, o apóstolo Paulo fala sobre sofrer injúrias, bem como resistir à ira. Ele resume todos os frutos da caridade no versículo anterior: "não se alegra com a injustiça, mas sim com a verdade". Ele demonstra a boa conduta para com o próximo que a caridade leva a ter, e menciona o amor pela causa, em 2 Coríntios, 12:10, ao alegar sentir "prazer nas fraquezas, nas injúrias, nas necessidades, nas perseguições, nas angústias por amor de Cristo", declarando ainda que nenhum desses eventos seria capaz de separá-lo do amor de Cristo (Romanos, 8:35). A lição, então, é que o amor cristão nos dispõe a suportar todos os sofrimentos a fim de prestarmos serviço a Deus.

29 DE MAIO

"Quem achar a sua vida perdê-la-á; e quem perder a sua vida, por amor de mim, achá-la-á." Mateus, 10:39

O verdadeiro amor cristão nos dispõe a sofrer pela causa. Os hipócritas muitas vezes fazem demonstração de religiosidade tanto em palavras quanto em ações, mas não estão dispostos a sofrer dificuldades. Cristãos suportam a todos os sofrimentos por amor de Cristo, reprovação e desprezo, como predito: "Sereis odiados de todos os homens por causa do meu nome" (Mateus, 10:22), como aqueles que foram torturados, não aceitando a libertação (Hebreus, 11:35). Cristãos de verdade estão dispostos a sofrer por Cristo, a segui-lo na condição que Ele falou: "Qualquer que não levar a sua cruz e não vier após mim, não pode ser meu discípulo" (Lucas, 14:27).

30 DE MAIO

"Mas, se padece como cristão, não se envergonhe, antes glorifique a Deus." 1 Pedro, 4:16

Os verdadeiros cristãos estão dispostos a suportar todos os sofrimentos no cumprimento do dever. São como ouro puro, capaz de ser provado na fornalha mais quente. Eles abandonam a tudo para seguir a Cristo, mesmo "pai e mãe, e esposa, e filhos, e irmãos, e irmãs" (Lucas, 14:26). Eles têm aquela fé pela qual veem o que é mais do que suficiente para suportar os sofrimentos na causa de Cristo: a glória que Deus prometeu aos que sofrem por causa d'Ele, tornando as provações apenas "aflição leve, que dura apenas um momento" (2 Coríntios, 4:17). Têm a fé de Moisés, que viu algo melhor do que o trono e as riquezas do Egito esperando por ele no céu (Hebreus, 11:24,26).

31 DE MAIO

"Procurai fazer cada vez mais firme a vossa vocação e eleição; porque, fazendo isto, nunca jamais tropeçareis." 2 Pedro, 1:10

É melhor usar o termo bíblico "disciplina" para práticas ensinadas por preceito ou exemplo na Bíblia. Caso contrário, toda e qualquer ação poderá ser chamada de obra espiritual. Alguém poderia afirmar que lavar pratos –que deve mesmo ser feito para a glória de Deus (1 Coríntios, 10:31) – é tão benéfico espiritualmente quanto a oração. Pode-se obter ajuda para a vocação, de modo a não tropeçar, nas Escrituras, que são "inspiradas por Deus e proveitosas para o ensino, para a repreensão, para a correção, para a educação na justiça; para que o homem de Deus seja perfeitamente instruído para toda boa obra" (2 Timóteo 3:16-17).

Faça de Deus o objeto peculiar de seus louvores. A doutrina da eleição mostra a grande razão que você tem para fazer isso. Se Deus o valoriza tanto, se importa tanto com você, se lhe concedeu mais misericórdias do que a todos os outros habitantes do mundo, será que é uma retribuição muito pequena para você fazer de Deus o objeto peculiar de seu louvor e gratidão? O amor é a maior e mais essencial coisa e, de fato, a soma de tudo o que é essencial, distintivo e salvador no cristianismo, a própria vida e alma de toda religião. Ser cristão é amar. O amor não é opcional. O cristão é aquele que foi acolhido e teve o próprio amor da Trindade implantado em sua alma.

1º DE JUNHO

"Quando entre ti houver algum pobre, de teus irmãos, em alguma das tuas portas, na terra que o Senhor teu Deus te dá, não endurecerás o teu coração, nem fecharás a tua mão a teu irmão que for pobre."
Deuteronômio, 15:7

É o dever mais absoluto e indispensável do povo de Deus dar generosamente e de boa vontade para suprir as necessidades dos pobres, como registrado em Levítico, 25:35: "Quando teu irmão empobrecer, e as suas forças decaírem, então sustentá-lo-ás". Os fariseus interpretaram que deveriam auxiliar apenas aos membros da própria nação. Mas Cristo condenou essa interpretação, em Lucas 10:29, ao ensinar, contradizendo a opinião deles, que as regras da caridade, na lei de Moisés, deviam ser estendidas aos samaritanos, com quem os judeus tinham inimizade. Deus nos dá orientação sobre como devemos aos pobres: "Abrirás de todo a tua mão, e livremente lhe emprestarás o que lhe falta, quanto baste para a sua necessidade" (Deuteronômio, 15:8). E adverte, no verso 9: "Guarda-te, que não haja pensamento ímpio no teu coração", ao prever que a maldade nos corações faria objeção, por isso disse que não devemos deixar de atender aos necessitados, mas sim estar dispostos a dar-lhes, sem esperar nada em troca. Há uma razão para esse dever no fato de Deus chamar um necessitado de nosso irmão, e ainda prometer que "por esta causa te abençoará o Senhor teu Deus em toda a tua obra, e em tudo o que puseres a tua mão" (verso 10), porque sempre haverá pobres (verso 11). Cristo também disse que sempre haveria pobres (Mateus, 26:11).

2 DE JUNHO

"E dá a qualquer que te pedir." Lucas, 6:30

É dever do povo de Deus dar generosamente aos pobres, abrir bem a mão, considerando suas necessidades e a própria capacidade: "Abrirás para ele a tua mão e certamente lhe emprestarás o suficiente para a sua necessidade" (Deuteronômio, 15:8). A palavra "emprestar" às vezes é usada para dar: "Emprestai, sem nada esperardes, e será grande o vosso galardão" (Lucas, 6:35). Devemos dar ao pobre o suficiente para as suas necessidades. Não deve haver ninguém em extrema pobreza entre o povo de Deus, exceto em caso de ociosidade, como ordena o apóstolo: "Se alguém não quiser trabalhar, não coma [pois] alguns entre vós andam desordenadamente, não trabalhando, antes fazendo coisas vãs" (2 Tessalonicenses, 3:10-11).

3 DE JUNHO

"Não deixes de fazer bem a quem o merece, estando em tuas mãos a capacidade de fazê-lo." Provérbios, 3:27

O dever de dar aos necessitados só não cumpre o que Deus pede, se o coração estiver entristecido, como disse Paulo, em 2 Coríntios, 9:7: "Cada um contribua segundo propôs no seu coração; não com tristeza, ou por necessidade; porque Deus ama ao que dá com alegria". Não é apenas louvável ser bondoso, mas também é dever sagrado: "O que o Senhor pede de ti, senão que pratiques a justiça, e ames a benignidade?" (Miquéias, 6:8). Amar a benignidade é uma conduta da vida religiosa: "A religião pura e imaculada para com Deus e Pai, é esta: visitar os órfãos e as viúvas nas suas tribulações, e guardar-se da corrupção do mundo" (Tiago, 1:27).

4 DE JUNHO

"A alma generosa prosperará e aquele que atende também será atendido." Provérbios, 11:25

Cristo nos diz que o juízo, a misericórdia e a fé são as questões mais importantes da lei (Mateus, 23:23), e as Escrituras repetidamente nos ensinam que a misericórdia é mais importante e essencial do que a participação nas cerimônias de adoração: "Porque eu quero a misericórdia, e não o sacrifício" (Oséias, 6:6). Não há ordem tão mencionada, tanto no Antigo como no Novo Testamento, como o dever de caridade para com os pobres. É muito razoável, considerando que humanidade não pode subsistir sem união. É uma conduta cristã não olhar somente para o que é propriamente seu, mas também para as coisas dos outros (Filipenses, 2:4).

5 DE JUNHO

"Quem, pois, tiver bens do mundo, e, vendo o seu irmão necessitado, lhe cerrar as suas entranhas, como estará nele o amor de Deus?" 1 João, 3:17

Aqueles que amam apenas de palavra e de língua, e não de ação, não têm amor de verdade. Qualquer profissão de fé sem caridade é uma vã pretensão. Faça o que gostaria que fizessem a você em circunstâncias semelhantes aos que sofrem, pois também pode precisar da compaixão e da ajuda dos outros. Cristo teve pena de nós, quando éramos pobres, e derramou seu sangue por nós, para nos fazer herdar riqueza e abundância por toda a eternidade. "Porque conheceis a graça de nosso Senhor Jesus Cristo, que, embora fosse rico, por amor de vós se tornou pobre, para que pela sua pobreza enriquecêssemos" (2 Cor., 8:9).

6 DE JUNHO

"Ao Senhor empresta o que se compadece do pobre, Ele lhe pagará o seu benefício." Provérbios, 19:17

Seu dinheiro e seus bens não são seus, são apenas confiados a você, para que: "Seja bom despenseiro da multiforme graça de Deus" (1 Pedro, 4:9-10), isto é, responsável pela administração deles, e não o proprietário. Todos devemos prestar contas de nossa gestão e de como dispusemos dos bens que nosso Mestre colocou em nossas mãos. E se, quando o Mestre vier a prestar contas, descobrir que negamos a alguns a provisão adequada, que punição devemos ter? Cristo nos ensina que precisamos considerar nossos companheiros cristãos como se fossem Ele mesmo: "Quando o fizestes a um destes meus pequeninos irmãos, a mim o fizestes" (Mateus, 25:40).

7 DE JUNHO

"O que dá ao pobre não terá necessidade." Provérbios, 28:27

Quando Cristo esteve aqui na Terra, precisou da caridade de "algumas mulheres que foram curadas de espíritos malignos e de enfermidades, Maria, chamada Madalena, da qual saíram sete demônios, e Joana, mulher de Cuza, mordomo de Herodes, e Susana, e muitas outras, que ministraram-lhe os seus bens" (Lucas, 8:2-3). A Bíblia mostra o caráter de uma pessoa piedosa: "O justo mostra misericórdia e dá" (Salmos, 37:21); "O homem bom mostra favor e empresta" (Salmos, 112:5); "Aquele que honra a Deus tem misericórdia dos pobres" (Provérbios, 14:31). Paulo, ao propor que os coríntios contribuíssem para o suprimento dos santos pobres, disse que era para provar a sinceridade do seu amor (2 Coríntios, 8:8).

8 DE JUNHO

"Bem-aventurados os misericordiosos, porque eles alcançarão misericórdia." Mateus, 5:7

Considere a necessidade de cumprir os difíceis deveres da religião. Dar aos pobres da maneira que o Evangelho prescreve é um dever difícil, ou seja, é muito contrário à natureza egoísta. Mas, quantas vezes Cristo nos falou sobre a necessidade de cumprir deveres religiosos difíceis, se quisermos ser Seus discípulos: vender tudo; tomar nossa cruz diariamente; negar a nós mesmos; renunciar aos nossos lucros e interesses mundanos, entre outros. Lembre-se de que o caminho para a vida é estreito. As Escrituras ensinam que se tivermos um espírito misericordioso, Deus será misericordioso conosco: "Com os misericordiosos te mostrarás misericordioso" (Salmos, 18:25).

9 DE JUNHO

"Dai, e ser-vos-á dado; boa medida, recalcada, sacudida e transbordando." Lucas, 6:38

Considere o encorajamento que há na Palavra de Deus para que você seja um ganhador por sua caridade para com os necessitados. Essa virtude contém especialmente as promessas desta vida e daquela que está por vir. Quando alguém faz caridade ao seu próximo necessitado, o doador tem maior vantagem do que o recebedor, pois "é necessário auxiliar os enfermos, e recordar as palavras do Senhor Jesus, que disse: Mais bem-aventurada coisa é dar do que receber" (Atos, 20:35). Aquele que dá generosamente é mais feliz do que quem recebe: "Aquele que se compadece dos pobres, feliz é" (Provérbios, 14:21). Salomão diz: "Dê uma porção a sete e também a oito" (Eclesiastes, 11:2).

10 DE JUNHO

"Deus é poderoso para fazer abundar em vós toda a graça, a fim de que tendo sempre, em tudo, toda a suficiência, abundeis em toda a boa obra." 2 Coríntios, 9:8

Se você der aos necessitados estará no caminho para ganhar muito com isso. Aqueles que doam receberão recompensas tanto aqui como no futuro. A Palavra de Deus diz que: "O que distribui mais se lhe acrescenta. A alma generosa prosperará e aquele que atende também será atendido" (Provérbios, 11:24-25). Dar aos necessitados é uma forma provável de obter prosperidade e crescimento. Deus diz: "O que vê com bons olhos será abençoado, porque dá do seu pão ao pobre" (Provérbios, 22:9). Em sua providência, o Senhor geralmente faz prosperar aqueles que têm um espírito liberal, caridoso e generoso.

11 DE JUNHO

"Ao tempo que resvalar o seu pé." Deuteronômio, 32:35

Há uma ameaça de vingança de Deus sobre os israelitas incrédulos, o povo que, apesar de todas as obras maravilhosas que Deus realizou, permaneceu sem entendimento, produzindo frutos amargos e venenosos (verso 28), como o Senhor diz nos versos 26 e 27, "a vinha de Sodoma e dos campos de Gomorra". Ao tempo que resvalar o seu pé, relaciona-se à destruição que viria sobre esses ímpios israelitas, como em Salmos, 73:18: "Tu os puseste em lugares escorregadios; Tu os lanças em destruição". Essa palavra serve para despertar pessoas não convertidas, que poderiam se apoiar no poder de Deus para os sustentar, mas ficam expostas a uma destruição repentina, como quem está a todo momento sujeito a cair.

12 DE JUNHO

"Não temais os que matam o corpo e, depois, não têm mais que fazer.
Temei aquele que, depois de matar, tem poder para lançar no inferno."
Lucas, 12:4-5

Ó pecador! Considere o terrível perigo em que você se encontra, o poço cheio de fogo d'Aquele Deus cuja ira, se provocada, nada pode induzi-lo a poupar você. A ira sempre muito temida foi a dos monarcas absolutos, "como o rugido de um leão" (Prov., 20:2), mas esses reis terrestres são apenas vermes desprezíveis em comparação ao todo-poderoso rei do céu e da Terra. Lemos sobre a ferocidade de Deus, em Apocalipse, 19:15, e seguintes. Assim, os que estão sem Cristo devem despertar, voar para fora de Sodoma para salvar suas vidas, sem olhar para trás, subir a montanha em direção a Jesus, seu salvador.

13 DE JUNHO

"O que tapa o seu ouvido ao clamor do pobre, ele mesmo também clamará e não será ouvido." Provérbios, 21:13

Dar aos necessitados é a melhor maneira de preparar o futuro. "Fui jovem e agora sou velho, mas nunca vi o justo desamparado, nem a sua descendência mendigando o pão" (Salmos, 37:25) A razão disso está no verso 26: "Ele é sempre misericordioso e empresta, e sua descendência é abençoada". Deus prometeu que quem considera os pobres encontrará ajuda, que o livrará na hora da angústia, o preservará e o manterá vivo, e ele será abençoado na terra, fortalecido no leito da enfermidade. Os misericordiosos e liberais para com os outros não serão esquecidos por Deus, mas Ele os ajudará quando estiverem em perigo (Salmos, 41:1,4).

14 DE JUNHO

"Porque eu vos dei o exemplo, para que, como eu vos fiz, façais vós também. Não é o servo maior do que o seu senhor, nem o enviado maior do que aquele que o enviou." João 13:15-16

Coisas notáveis aconteceram na noite em que Cristo foi traído, quando lavou os pés dos discípulos, ação simbólica, pois Ele "amou a igreja e se entregou por ela, para que pudesse santificá-la e purificá-la" (Efésios, 5:25-26). Ao ser obediente até a morte de cruz, Jesus desempenhou o papel de servo de Deus e nosso, como diz, em Lucas, 22:27: "Pois qual é maior, aquele que está sentado à mesa, ou aquele que serve?". Isso está explicado em Mateus, 20:28: "O Filho do homem não veio para ser servido, mas para servir, e para dar a sua vida em resgate de muitos".

15 DE JUNHO

"Conhecemos o amor nisto: que Ele deu a sua vida por nós, e nós devemos dar a vida pelos irmãos." 1 João, 3:16

Os ministros do Evangelho devem atuar, como se fossem servos, para lavar e purificar a alma das pessoas pela pregação da palavra. Quando Jesus exortou seus discípulos a imitarem Seu exemplo na ação simbólica de lavar seus pés, pretendia que eles se humilhassem, caso necessário, pela limpeza espiritual e salvação de Seu povo. Ele insistiu, no novo mandamento que deu: "Que vos ameis uns aos outros; assim como eu vos amei" (João 15:34), para que todos soubessem que eram Seus discípulos, recomendando que seguissem Seu exemplo: "Não é o servo maior do que o seu senhor, nem o enviado maior do que aquele que o enviou" (João, 13:16).

16 DE JUNHO

"Ide por todo o mundo e pregai o evangelho a toda criatura."
Marcos, 16:15

Jesus falou sobre a grande missão para a qual enviava os discípulos, ordenando que pregassem o Evangelho às ovelhas perdidas, explicando como deveriam se conduzir (Mateus, 10). Os ministros de Cristo devem ser como seu Senhor, ter o mesmo espírito de humildade, desprezo pelas riquezas e prazeres deste mundo, observância aos mandamentos, no que diz respeito ao que fazer e o que dizer. Como cordeiros, ter paciência sob as aflições, espírito de caridade, chorar com os que choram, ouvir e atender aos necessitados e aflitos, para a glória de Deus, o avanço do Seu reino e o bem da humanidade, como diz, em João, 20:21: "Assim como meu Pai me enviou, eu também vos envio".

17 DE JUNHO

"E Jesus, saindo, viu uma grande multidão, e teve compaixão deles, porque eram como ovelhas que não têm pastor." Marcos, 6:34

O amor pelas almas que Cristo sentiu estava muito acima de qualquer consideração que Ele tivesse pelos próprios interesses. E assim deve ser com Seus ministros, ter o mesmo espírito de compaixão pelas misérias espirituais das pessoas, como lemos, em Lucas, 19, quando Cristo foi para Jerusalém, poucos dias antes de Sua crucificação, Ele "contemplou a cidade e chorou sobre ela" (Ver Mateus, 23:37; e Lucas, 13:34). Devemos seguir o exemplo de Jesus, que "andou fazendo o bem e curando todos os que eram oprimidos [...], e nos mandou pregar ao povo que Ele foi por Deus constituído juiz dos vivos e dos mortos" (Atos, 10:38,42).

18 DE JUNHO

"Orem continuamente." 1 Tessalonicenses, 5:17

Os cristãos devem imitar o seu Mestre nas suas fervorosas orações. Era a maneira de Cristo retirar-se e derramar Sua alma em oração extraordinária ao Pai, sempre que fosse iniciar uma tarefa de especial importância em Seu ministério. Quando ia percorrer toda a Galileia, para pregar o Evangelho, "Ele se levantou muito antes do amanhecer, e saiu, e foi para um lugar solitário, e ali orou" (Marcos, 1:35,39). Também antes de escolher Seus doze apóstolos, Ele subiu uma montanha para orar e continuou a noite toda em oração a Deus (Lucas, 6:12). Ele orou para que de Deus O capacitasse a fazer Sua vontade, e perseverou até o fim, como é dito Salmos, 40:8: "Deleito-me em fazer a Tua vontade, ó Deus meu".

19 DE JUNHO

"Que haja em vós o mesmo sentimento que houve em Cristo."
Filipenses, 2:5

Na noite anterior à Sua crucificação, Jesus fez uma oração por aqueles por quem estava prestes a morrer (João, 17). Aquela comovente oração por seu povo mostra Sua preocupação com os discípulos, pois passou um tempo confortando-os e aconselhando-os. A oração no jardim do Getsêmani, para que a vontade de Deus fosse feita, foi de intercessão, como nosso Sumo Sacerdote, oferecida com o Seu sangue, registrada pelo apóstolo, em Hebreus, 5:7. Os cristãos devem seguir o exemplo de Cristo não apenas para trabalhar, mas também para sofrer pela salvação das almas, como Paulo, que disse: "Se eu for oferecido como sacrifício e serviço de sua fé, regozijo-me" (Filipenses, 2:17).

20 DE JUNHO

"Que eu possa por todos os meios salvar alguns." 1 Coríntios, 9:22

Os ministros do Evangelho devem trabalhar pela conversão de seus ouvintes. Eles precisam insistir principalmente na advertência sobre o perigo da condenação, bem como na importância da santidade, adaptando seus discursos às pessoas, épocas e ocasiões, como em Isaías, 50:4: "O Senhor me deu uma língua erudita, para que eu saiba dizer a seu tempo uma boa palavra". Devem seguir seu Mestre, não por vantagens mundanas, mas para a glória de Deus. Ter o coração engajado na salvação das almas, sendo sua "comida fazer a vontade do Pai, e realizar sua obra" (João, 4:34), como colaboradores de Cristo, e por isso devem rogar para as pessoas não receberem a graça de Deus em vão (2 Coríntios, 6:1).

21 DE JUNHO

"E levantarei sobre elas pastores que as apascentem, e nunca mais temerão, nem se assombrarão, e nem uma delas faltará, diz o Senhor."
Jeremias, 23:4

Os ministros do Evangelho não devem agir como mediadores, pois há apenas um Mediador entre Deus e as pessoas, Jesus. Eles não são sacerdotes para fazer expiação, porque Cristo, por uma só oferta, aperfeiçoou para sempre os que são santificados. Mas os ministros do Evangelho são nomeados para promover a obra da salvação, e agir totalmente conforme ensinados por Ele, expondo que Ele veio ao mundo para que pudesse ser a luz do mundo. Cristo é o pastor do seu povo, o bom pastor. Os ministros também são chamados de pastores, e são orientados a alimentar o rebanho de Cristo, que Ele comprou com seu sangue.

22 DE JUNHO

"Se anuncio o evangelho, não tenho de que me gloriar, pois me é imposta essa obrigação; e ai de mim, se não anunciar o evangelho!"
1 Coríntios, 9:16

Existem dois tipos de pessoas designadas por Deus para serem empregadas na salvação das almas, os anjos e os ministros. Os anjos são submetidos por Deus ao nosso Redentor para salvar e glorificar seus eleitos (Hebreus, 1:14). E o emprego dos ministros do Evangelho é, em alguns aspectos, maior do que o dos anjos, pois Cristo faz deles membros da igreja, deleita-se em continuar a obra de salvação pelos ministérios das pessoas que saem a pregar ao mundo, por meio de quem as almas são convertidas. Reservou essa honra a seus discípulos, ao prometer que eles fariam obras maiores do que Ele (João, 14:12).

23 DE JUNHO

"Devendo já ser mestres, ainda necessitais de que se vos torne a ensinar quais sejam os primeiros rudimentos das palavras de Deus."
Hebreus, 5:12

Essas palavras são uma reclamação que Paulo faz porque os hebreus cristãos não faziam progresso no conhecimento das coisas da divindade. Todos os cristãos devem se esforçar para crescer nesse conhecimento, e não ficarem satisfeitos só por saberem o que é necessário para sua salvação. Devem se interessar pelo mundo celestial, a herança eterna adquirida por Cristo e prometida no Evangelho, a obra do Espírito Santo nos corações. Essas coisas não dizem respeito apenas aos ministros, mas são importantes para todos os cristãos. Não são como as doutrinas da Filosofia, pois tratam da salvação das almas.

24 DE JUNHO

"Examinais as Escrituras, porque vós cuidais ter nelas a vida eterna."
João, 5:39

Deus não fez que a tarefa de dar instruções sobre as coisas divinas fosse essencial, por isso fez surgir profetas e professores (Jeremias, 7:25). Se Deus esteve tão empenhado no ensino, certamente não deveríamos ser negligentes no aprendizado: "Bem-aventurado aquele que lê e aqueles que entendem as palavras desta profecia" (Apocalipse, 1:3). Considere que todas as instruções contidas nas Escrituras foram escritas para que possamos crescer no conhecimento da divindade. Deus abriu um grande tesouro para suprir nossas necessidades, e temos vantagens muito maiores do que o povo de Deus tinha antigamente, pois temos o suficiente para nos iluminar por toda a eternidade.

25 DE JUNHO

"Ele deu uns para apóstolos, e outros para profetas, e outros para evangelistas, e outros para pastores, querendo o aperfeiçoamento dos santos, para a obra do ministério, para edificação do corpo de Cristo."
Efésios, 4:11-12

É responsabilidade de cada cristão conhecer as coisas que pertencem à sua vocação (Filipenses, 3:14). Convém a quem quer ser médico conhecer as coisas da Medicina. Deus designou pessoas para serem professores: "E a alguns estabeleceu na igreja, primeiro apóstolos, em segundo lugar profetas, em terceiro mestres" (1 Coríntios, 12:28). Se fez que alguns fossem professores, obviamente Ele fez de outros alunos. O nome pelo qual o cristão é comumente chamado no Novo Testamento é discípulo, cujo significado é estudioso ou aprendiz.

26 DE JUNHO

"Apega-te à instrução e não a largues; guarda-a, porque ela é a tua vida." Provérbios, 4:13

É a vontade de Deus que todos os cristãos tenham conhecimento das Escrituras. Paulo agradecia a Deus por os coríntios terem sido enriquecidos por esse conhecimento (1 Coríntios, 1:4-5). E o apóstolo orou para que os filipenses abundassem não apenas em amor, mas também em conhecimento (Filipenses, 1:9), inclusive pedindo aos irmãos "diligência para acrescentar à fé a virtude e à virtude o conhecimento" (2 Pedro, 1:5). Ao falar com os hebreus, Paulo pede a eles que deixem os primeiros princípios da doutrina de Cristo, a prosseguissem para a perfeição (Hebreus, 6:1). Os cristãos da atualidade devem aprimorar seu conhecimento sobre o cristianismo e as coisas divinas.

27 DE JUNHO

"Lâmpada para os meus pés é Tua palavra, e luz para o meu caminho." Salmos, 119:105

Temos vantagens para crescer no conhecimento da divindade bem mais facilmente do que o povo de Deus sob o Antigo Testamento, uma vez que as verdades evangélicas foram reveladas mais claramente. Desse modo, em alguns aspectos, podemos saber mais sobre a divindade do que os próprios profetas. As palavras de Cristo podem ser aplicáveis a nós: "Bem-aventurados os olhos que veem as coisas que vós vedes. Pois eu vos digo que muitos profetas e reis desejaram ver as coisas que vedes, e não as viram" (Lucas, 10:23-24). Deus nos deu o benefício de as Bíblias e outros livros de divindade terem sido multiplicados, e podermos obter o conhecimento cristão com mais facilidade.

28 DE JUNHO

"Porque o Senhor dá a sabedoria; da sua boca é que vem o conhecimento e o entendimento." Provérbios, 2:6

O salmista falou sobre o conhecimento das coisas divinas: "Entendo mais do que os antigos, porque guardo os Teus preceitos" (Salmos, 119:100). E Cristo recomenda, em João, 7:17: "Se alguém quiser fazer a vontade d'Ele, pela doutrina conhecerá se ela é de Deus ou se eu falo de mim mesmo". Peça a Deus para o direcionar na busca pelo conhecimento divino, como orienta o apóstolo: "Se alguém tem falta de sabedoria, peça-a a Deus, que a todos dá liberalmente e não a censura" (Tiago, 1:5). Esforce-se para ter consciência da própria ignorância, e de sua necessidade da ajuda de Deus, para não ser levado ao erro, em vez de ao verdadeiro conhecimento.

29 DE JUNHO

"Àquele que não pratica, mas crê n'Aquele que justifica o ímpio, a sua fé lhe é imputada como justiça." Romanos, 4:5

Somos justificados somente pela fé em Cristo, e não por qualquer tipo de bondade própria, como pode ser observado na justificação do ímpio. O ato da justificação não ocorre em razão de qualquer bondade. O contexto mostra que, pela graça, Deus não considera nenhuma bondade nossa. O versículo anterior é: "àquele que faz qualquer obra não lhe é imputado o galardão segundo a graça, mas segundo a dívida", evidenciando que a graça consiste na recompensa ser dada sem obras, ou seja, o sujeito da justificação é considerado destituído de qualquer justiça própria, porque Deus, por Sua graça, salva quem tem fé, mesmo que não tenha obras.

30 DE JUNHO

"Procura apresentar-te a Deus aprovado, como obreiro que não tem de que se envergonhar, que maneja bem a palavra da verdade." 2 Timóteo, 2:15

Os cristãos não devem gastar seu tempo em conversas que não edificam, que tendem à pobreza da alma (Provérbios, 14:23), pois há grande perigo de cair em conversas tolas e pecaminosas, dando vazão ao seu caráter corrupto, falando contra outros, expressando seus ciúmes e más suposições acerca dos irmãos, desconsiderando o que Cristo disse, em Mateus, 12:36: "De toda palavra vã que os homens falarem, darão conta no dia do julgamento". Em Atos, 17:1, lemos que Paulo, em visita a cidades da Grécia, enfrentou oposição de algumas pessoas, mas encontrou outras que "receberam a palavra com toda a prontidão de espírito, e examinavam diariamente as Escrituras", ou seja, empenhadas em meditar sobre as verdades divinas. Será muito agradável para os irmãos ampliar o conhecimento sobre a palavra, como Salomão diz, em Provérbios, 25:2: "A glória de Deus está nas coisas encobertas; mas a honra dos reis, em descobri--las", e certamente, acima de todas as outras, pesquisar os assuntos divinos. O conhecimento é encantador para as criaturas inteligentes, especialmente o das Escrituras, por mais tedioso que seja o trabalho necessário para obtê-lo, a fim de manejar a palavra da verdade. "Então entenderás a justiça, o juízo, a equidade e todas as boas veredas, quando a sabedoria entrar no teu coração, e o conhecimento for agradável à tua alma" (Provérbios, 2:9-10).

Quão grande será a honra para uma pessoa se Deus, no dia do julgamento, declarar a todos – diante de Seus olhos que tudo veem – que ela é revestida de perfeita retidão e com direito à glória e à bênção eternas. Quanta honra isso será aos olhos de toda aquela vasta assembleia que estará reunida no dia do julgamento. Essa será uma honra infinitamente maior do que qualquer ser humano ou anjo pode desejar, Deus declarar que o julga íntegro e sincero e que a vida eterna lhe pertence. O que pode ser uma honra maior do que esta: ser propriedade do grande Rei e Senhor de todas as coisas?

1º DE JULHO

"Porque Ele marcou um dia, no qual julgará o mundo com justiça, por meio d'Aquele homem a quem Ele ordenou". Atos, 17:31

Esse discurso de Paulo em Atenas, que era o lugar mais notável em todo o mundo para o aprendizado da filosofia, e mesmo nos dias de Cristo e dos apóstolos, a respeito de Jesus (Atos, 17:18), fez os filósofos se aglomerarem ao seu redor para ouvir o que Ele tinha a dizer. A estranheza da doutrina cristã despertou a curiosidade dos sábios, pois eles se esforçavam para descobrir coisas novas, e se valorizavam muito por serem autores de novas descobertas. Eles desprezaram a doutrina em seus corações e a consideraram muito ridícula, chamando o apóstolo de tagarela, pois a pregação de Cristo crucificado era uma loucura para os gregos (1 Coríntios, 1:23), mas os filósofos epicureus e estoicos, duas seitas diferentes, queriam ouvir o que o tagarela tinha a dizer. Diante disso, Paulo fez um discurso (Atos, 17:22,31) bem diferente do seu modo comum de discursar, com um raciocínio mais filosófico do que os encontrados em seus discursos comuns às pessoas comuns, de modo a obter a atenção dos filósofos, e eles, por mais que se valorizassem por sua sabedoria, não foram capazes de contradizer. A prática do apóstolo está de acordo com o que ele diz de si mesmo, em 1, Coríntios, 9:22, "que Ele se tornou tudo para todos os homens, para que pudesse por todos os meios salvar alguns". Essa lição demonstra que devemos ser fracos para os fracos, e também tão sábios quanto os sábios, a fim de ganhar alguns para Cristo.

2 DE JULHO

"O amor [...] tudo crê, tudo espera." 1 Coríntios, 13:7

O discurso do apóstolo Paulo sobre o amor (1 Coríntios, 13), é comumente entendido como o amor nos dispondo a crer no melhor e a esperar o melhor do nosso próximo. Mas, parece que Ele quis dizer que o amor é uma graça que valoriza e promove o exercício de todas as outras graças, tais como a fé e a esperança. Pouco antes, ele menciona que o fruto da caridade nos leva a pensar o melhor sobre o próximo, ao dizer que o amor "não pensa mal". Em segundo lugar, o apóstolo falou dos frutos da caridade para com o próximo, quando resumiu todos, ao dizer, que "não se alegra com a iniquidade, mas se alegra com a verdade", isto é, tende a prevenir todo mau comportamento e a promover o melhor comportamento.

3 DE JULHO

"Revesti-vos de amor, que é o vínculo da perfeição." Colossenses, 3:14

Em 1 Coríntios, 13, Paulo menciona três graças juntas, fé, esperança e amor. Ele mostra a relação do amor com as outras graças, particularmente com a fé e a esperança. Portanto, em sua conclusão ao dizer que, da fé, da esperança e do amor, o último é o maior, significa que essa graça tem a influência mais eficaz em produzir as demais, ou seja, a fé e a esperança são valorizadas e promovidas na alma pelo amor. Onde há fé, há amor, esperança e humildade, e onde há amor, há confiança. Onde há confiança em Deus, há amor a Deus, e na esperança, há um santo temor de Deus. "O Senhor se agrada dos que o temem e dos que esperam na sua misericórdia" (Salmos, 147:11).

4 DE JULHO

"Nós sabemos que passamos da morte para a vida, porque amamos os irmãos. Quem não ama a seu irmão permanece na morte."
1 João, 3:14

Aquele que tem amor a Deus também tem amor às pessoas, o amor cristão. O apóstolo João falou sobre o amor aos irmãos como um sinal de amor a Deus, dizendo: "Se alguém disser: Amo a Deus, e odeia a seu irmão, é mentiroso" (1 João, 4:20), e novamente fala do amor a Deus como um sinal de amor aos irmãos, dizendo: "Nisto conhecemos que amamos os filhos de Deus: quando amamos a Deus e guardamos os seus mandamentos" (1 João, 5:2). As graças do cristianismo dependem umas das outras, pois há uma ligação pela qual estão sempre unidas, de modo que uma não pode existir sem as outras. Negar uma é negar outra, e assim, a todas.

5 DE JULHO

"No amor não há medo, mas o amor perfeito lança fora o medo."
1 João, 4:18

A fé promove o amor, e o amor uma fé viva. O amor depende da fé, pois um ser não pode ser verdadeiramente amado, se não for considerado real. O amor amplia a fé, leva a confiar naqueles que amamos. Assim, a fé gera esperança, pois confia na suficiência de Deus para conceder bênçãos e na Sua fidelidade às próprias promessas. Quando um cristão tem maior esperança no favor de Deus e em Suas bênçãos eternas, amplia o exercício do amor, e muitas vezes o atrai, como diz o apóstolo Paulo: "A tribulação produz paciência; e paciência, experiência; e experiência, esperança; e a esperança não envergonha: porque o amor de Deus está derramado em nossos corações" (Romanos, 5:3,5).

6 DE JULHO

"Com toda a humildade e mansidão, com longanimidade, suportando-vos uns aos outros em amor." Efésios, 4:2

A fé também promove a humildade, porque, quanto mais alguém depender da suficiência de Deus, menos terá autossuficiência. Quanto mais alguém tiver um sentimento humilde, estiver consciente da própria insuficiência, mais seu coração estará disposto a confiar somente em Deus e a depender inteiramente de Cristo. E o amor promove a humildade, pois, quanto mais o coração for arrebatado pela graça de Deus, mais ele se rebaixará e se humilhará. A humildade promove o amor, pois, quanto mais alguém tiver um sentimento da própria indignidade, mais admirará a bondade de Deus para com ele, e mais seu coração se abrirá em amor por Sua graça gloriosa.

7 DE JULHO

"Tende ardente amor uns para com os outros; porque o amor cobrirá a multidão de pecados." 1 Pedro, 4:8

O amor leva ao arrependimento, pois quem verdadeiramente se arrepende deixa de pecar contra um ser que ama. Arrependimento, fé e amor tendem à gratidão. Aquele que pela fé confia em Cristo para a salvação será grato a Deus, e estará disposto a reconhecer Sua bondade. E aquele que se arrepende de seus pecados estará disposto de coração a agradecer a Deus pela graça que é suficiente para libertá-lo de sua culpa. Um verdadeiro amor a Deus leva a amar ao próximo, os que carregam a imagem de Deus, promove um espírito de amor e paz para com as pessoas, nutre um espírito de amor a Deus e leva a valorizar todas as outras graças expostas no Evangelho.

8 DE JULHO

"Noutro tempo éreis trevas, mas agora sois luz no Senhor." Efésios, 5:8

O amor está implícito em uma fé graciosa. É um ingrediente dela, e pertence à sua essência, e é, por assim dizer, a própria alma dela. Assim como a natureza do ser humano é sua alma, a natureza da fé é o amor, como o apóstolo Paulo diz: "A fé opera pelo amor" (Gálatas, 5:6). Já o apóstolo Tiago diz que a fé, sem sua natureza operante, está morta, assim como o corpo está morto sem o espírito (Tiago, 2:26). É essencial para um verdadeiro amor cristão que seja um amor de fé, ao mesmo tempo uma conversão, através de Cristo. A alma se arrepender do pecado é um ato de sair das trevas para a luz: "Porque o fruto do Espírito está em toda a bondade, e justiça e verdade" (Efésios, 5:9).

9 DE JULHO

"Sabendo que a prova da vossa fé opera a paciência. Tenha, porém, a paciência a sua obra perfeita, para que sejais perfeitos e completos, sem faltar em coisa alguma." Tiago, 1:3-4

A verdadeira gratidão nada mais é do que o exercício do amor a Deus. As graças de amor, humildade e arrependimento estão implícitas na submissão à vontade de Deus. E assim o amor cristão é uma espécie de amor indireto a Cristo. Amor e humildade resultam em mansidão, de modo que o amor a Deus, a fé e a humildade são os ingredientes da paciência. Todas as graças do Cristianismo vêm do mesmo Espírito; como diz o apóstolo: "Há diversidade de dons, mas o mesmo Espírito [...] diversidade de operações, mas é o mesmo Deus que opera tudo em todos" (1 Coríntios, 12:4,6).

10 DE JULHO

"Não pelas obras de justiça que houvéssemos feito, mas segundo a sua misericórdia, nos salvou pela lavagem da regeneração e da renovação do Espírito Santo." Tito, 3:5

A graça na alma é o Espírito Santo agindo. Assim como a água na fonte, a misericórdia divina tem a mesma natureza sagrada, apenas diversificada pela variedade de riachos que dela saem. A lavagem ocorre na mesma obra do Espírito, ou seja, na conversão. Não há uma conversão da alma à fé, e outra conversão ao amor a Deus, outra à humildade, e outra ao arrependimento, e ainda outra ao amor ao próximo, pois todas são produzidas por uma única obra do Espírito, resultando em uma verdadeira mudança de coração, na regeneração, por meio do mesmo fundamento, a saber, a fé na graça de Deus.

11 DE JULHO

"Todo aquele que peca não o viu nem o conheceu." 1 João, 3:6

Os que verdadeiramente conhecem a natureza de Deus O amarão e confiarão n'Ele, e terão um espírito para se submeter a Ele, servi-lo e obedecê-lo. "Aqueles que conhecem o Teu nome confiarão em ti" (Salmos, 9:10). "Todo aquele que ama é nascido de Deus e conhece a Deus" (1 João, 4:7). Quem tem verdadeiro respeito por um dos mandamentos de Deus, respeita a todos, pois todos foram estabelecidos pela mesma autoridade. "Qualquer que guardar toda a lei, e tropeçar em um só ponto, tornou-se culpado de todos. Porque aquele que disse: Não cometerás adultério, também disse: Não matarás. Se tu pois não cometeres adultério, mas matares, estás feito transgressor da lei" (Tiago 2:10-11).

12 DE JULHO

"Se alguém está em Cristo, é nova criatura: as coisas velhas já passaram; eis que todas as coisas se fizeram novas." 2 Coríntios, 5:17

Paulo mostra como as coisas velhas são eliminadas e todas as coisas se tornam novas na conversão, pois todas as graças do Cristianismo são imediatamente transmitidas, já que estão todas interligadas. Um verdadeiro convertido não possui uma ou duas, mas todas as graças sagradas verdadeiramente fluindo em seu comportamento tanto para com Deus quanto para com seu próximo. É isso que o evangelista João diz: "O Verbo se fez carne e habitou entre nós (e vimos a sua glória, a glória como do unigênito do Pai), cheio de graça e de verdade [...] e da sua plenitude todos nós recebemos, e graça por graça" (João, 1:14,16).

13 DE JULHO

"Sendo de novo gerados, não de semente corruptível, mas da incorruptível, pela palavra de Deus, viva, e que permanece para sempre." 1 Pedro, 1:23

O resultado da regeneração é chamado "nova criatura". E porque existe, por assim dizer, uma nova criatura, não de semente corruptível, mas da incorruptível, diz-se que os cristãos são totalmente santificados, em alma, corpo e espírito, como Paulo diz, em 1 Tessalonicenses, 5:23: "Todo o vosso espírito, e alma, e corpo, sejam plenamente conservados irrepreensíveis para a vinda de nosso Senhor Jesus Cristo". E assim as coisas velhas passam e todas as coisas se tornam novas, porque, à medida que a nova criatura despoja a velha, em certo sentido a pessoa se torna totalmente nova, com todas as corrupções mortificadas.

14 DE JULHO

"Na verdade, na verdade te digo que aquele que não nascer de novo, não pode ver o reino de Deus." João, 3:3

A fé mortifica a incredulidade, e o amor, a inimizade. A humildade mortifica o orgulho, e a mansidão, a vingança. A gratidão mortifica um espírito ingrato, e quando essas graças tomam seu lugar no coração, é como a escuridão desaparecendo, quando uma luz é acesa. A conversão, quando e onde quer que seja realizada, é uma grande mudança naquele que antes não tinha nenhuma corrupção mortificada, e agora pode ser chamado de nova criatura, como diz Paulo: "Que vos despojeis do velho homem, que se corrompe pelas concupiscências do engano, e vos revistais do novo homem, que segundo Deus é criado em verdadeira justiça e santidade" (Efésios, 2:22,24).

15 DE JULHO

"A oração feita por um justo pode muito em seus efeitos." Tiago, 5:16

Deus atende às nossas necessidades e súplicas, oferece Sua misericórdia para com nossas almas pelas orações que fazemos. Ele nos permite livre acesso à Sua presença para que possamos ter "ousadia para entrar no santuário, pelo sangue de Jesus, pelo novo e vivo caminho que ele nos consagrou" (Hebreus, 10:19-20). Deus não apenas permite, mas também nos encoraja a O procurar pela oração. "E tendo um grande sacerdote sobre a casa de Deus, cheguemo-nos com verdadeiro coração, em inteira certeza de fé, tendo os corações purificados da má consciência, e o corpo lavado com água limpa, retenhamos firmes a confissão da nossa esperança; porque fiel é o que prometeu" (Hebreus, 10:21,23).

16 DE JULHO

"Clama a mim, e responder-te-ei, e anunciar-te-ei coisas grandes e firmes que não sabes." Jeremias, 33:3

A grandeza de Deus é vista pelas coisas que Ele faz em resposta à oração. Quando Moisés orou, Deus trouxe pragas terríveis ao Egito (Êxodo). Quando Sansão orou, sua força foi devolvida a ele para que fosse capaz de derrubar o templo de Dagom sobre os filisteus (1 Samuel, 5). Quando Josué orou, o Sol parou (Josué, 10). Elias orou, e não choveu durante três anos e meio. Então, orou novamente, e veio a chuva (1 Reis, 17-18). O poder de Deus tem sido demonstrado em muitos milagres, em resposta às orações de Seu povo, e Ele não apenas ouve seu clamor, mas também seus anseios silenciosos, como no caso de Ana (1 Samuel, 1:13) cuja oração estava apenas em seu coração.

17 DE JULHO

"Chegai-vos a Deus, e ele se chegará a vós. Alimpai as mãos, pecadores; e, vós de duplo ânimo, purificai os corações." Tiago, 4:8

A oração tem dois propósitos, um com respeito a Deus, e outro, a nós. No que diz respeito a Deus, a oração é o reconhecimento de nossa dependência d'Ele para Sua glória. O povo de Deus tem a oportunidade de ir até Ele em para expressar sua fé em Sua fidelidade. No que diz respeito a nós mesmos, Deus exige de nós a oração para a concessão da misericórdia, porque a oração fervorosa tende a preparar o coração de muitas maneiras. Por isso, o apóstolo Paulo diz: "Cheguemos, pois, com confiança ao trono da graça, para que possamos alcançar misericórdia e achar graça, a fim de sermos ajudados em tempo oportuno" (Hebreus, 4:16).

18 DE JULHO

"Confiai n'Ele, ó povo, em todos os tempos; derramai perante Ele o vosso coração. Deus é o nosso refúgio." Salmos, 62:8

A oração desperta o sentido do valor da misericórdia que buscamos, e ao mesmo tempo de nossa necessidade. Tenha sua mente preparada para valorizar a Deus, regozijar-se quando seus desejos sinceros forem concedidos, e ser grato. Oração com adequada confissão pode despertar um sentimento de nossa indignidade da misericórdia que buscamos, e nos colocar na presença de Deus sensíveis à Sua majestade, com um senso de dependência, com fé na Sua suficiência. Assim, devemos glorificar Seu nome quando a misericórdia for recebida, e por tudo dar graças, "porque é a vontade de Deus em Cristo Jesus para convosco" (1 Tessalonicenses, 5:18).

19 DE JULHO

"Ele atenderá à oração do desamparado, e não desprezará a sua oração." Salmos, 102:17

Temos um Deus que ouve orações, por isso devemos nos empenhar no dever de orar com todo o coração e súplica, viver uma vida de oração, continuando o tempo todo vigiando com perseverança, sem cessar, com fervor e sem desmaiar. Embora o Altíssimo esteja infinitamente acima de tudo e não precise de criaturas, Ele tem o prazer de prestar atenção misericordiosa a nossas orações. Paulo advertiu: "Peça-a, porém, com fé, em nada duvidando; porque o que duvida é semelhante à onda do mar, que é levada pelo vento, e lançada de uma para outra parte" (Tiago, 1:6), bem como pediu aos irmãos que vigiassem "com toda a perseverança e súplica por todos os santos" (Efésios, 6:18).

20 DE JULHO

"Perto está o Senhor de todos os que o invocam, de todos os que o invocam em verdade." Salmos, 145:18

É a vontade de Deus que as orações de seus santos sejam o principal meio de levar a cabo os desígnios do reino de Cristo no mundo. Antes que Deus atenda aos pedidos de sua igreja, Ele quer ouvir Seu povo, como em Ezequiel (36:37-38): "Serei solicitado pela casa de Israel [...] multiplicar-lhes-ei os homens, como a um rebanho. Como o rebanho santificado, como o rebanho de Jerusalém nas suas solenidades, assim as cidades desertas se encherão de rebanhos de homens; e saberão que eu sou o Senhor". Aqueles que clamam ao Senhor não devem descansar nem dar "a ele descanso, até que confirme, e até que ponha a Jerusalém por louvor na terra" (Isaías, 62: 6-7).

21 DE JULHO

"Alegrai-vos na esperança, sede pacientes na tribulação, perseverai na oração." Romanos, 12:12

Antes do primeiro derramamento do Espírito de Deus sobre a igreja cristã, que começou em Jerusalém, os discípulos "perseveravam unanimemente em oração e súplicas" (Atos 1:14). Cristo diz que Deus "fará justiça aos seus escolhidos, que clamam a ele de dia e de noite" (Lucas, 18:7). Antes que Ele conceda alguma grande bênção à sua igreja, muitas vezes é Sua maneira esperar que demonstremos nossa dependência de tal misericórdia em orações sinceras e incessantes. E pelos muitos erros que cometemos, pelas feridas que causamos a nós mesmos e pela causa que gostaríamos de promover, Deus tem até agora nos mostrado Sua ajuda e graça. Ele só aguarda nossos clamores a Ele.

22 DE JULHO

"Sede, pois, misericordiosos, como também vosso Pai é misericordioso." Lucas, 6:36

É essencial atendermos ao dever de abundar em atos de justiça, mansidão, perdão e amor ao próximo, ao mesmo tempo que cumprimos os deveres de devoção, como orar, louvar e participar de reuniões religiosas. Os primeiros são bem mais importantes aos olhos de Deus do que todas as atividades de adoração. Jesus insistiu para que as pessoas estivessem cientes disso, quando pediu que aprendessem "o que significa: Misericórdia quero, e não sacrifício. Porque eu não vim a chamar os justos, mas os pecadores, ao arrependimento" (Mateus, 9:13), e ainda, "se vós soubésseis o que significa: Misericórdia quero, e não sacrifício, não condenaríeis os inocentes" (Mateus, 12:7).

23 DE JULHO

"Oferecei sacrifícios de justiça, e confiai no Senhor." Salmos, 4:5

Numa época de reavivamento da igreja de Deus, Seu povo é chamado à prática da caridade: "Assim diz o Senhor: Guardai o juízo, e fazei justiça, porque a minha salvação está prestes a vir, e a minha justiça, para se manifestar" (Isaías, 56:1). Quando João pregou que "o reino dos céus estava próximo" e clamou ao povo: "Preparai o caminho do Senhor, endireitai as suas veredas" (Lucas, 3:4), o povo perguntou a ele o que "deveriam fazer?", ele respondeu: "Aquele que tem duas túnicas, reparta com aquele que não tem nenhuma; e quem tem comida faça o mesmo" (Lucas, 3:10,14). O povo de Deus na atualidade deve abundar em atos de caridade, ter o verdadeiro espírito e prática desse dever cristão.

24 DE JULHO

"Se abrires a tua alma ao faminto, e fartares a alma aflita; então [...] o Senhor fartará a tua alma." Isaías, 58:10-11

As Escrituras mostram que as pessoas estarão no caminho certo não apenas de receber benefícios temporais, mas também bênçãos espirituais, as influências do Espírito Santo de Deus no coração, se simplesmente cumprirem seus deveres cristãos, como os listados por Isaías, "que repartas o teu pão com o faminto, e recolhas em casa os pobres abandonados; e, quando vires o nu, o cubras [...] Então romperá a tua luz como a alva, e a tua cura apressadamente brotará, e a tua justiça irá adiante de ti, e a glória do Senhor será a tua retaguarda. Então clamarás, e o Senhor te responderá; gritarás, e ele dirá: Eis-me aqui" (Isaías, 58:7,9).

25 DE JULHO

"O amor [...] tudo suporta." 1 Coríntios, 13:7

Ao dizer que "o amor tudo sofre", e que "tudo suporta", o apóstolo é comumente entendido como se fizesse declarações com o mesmo significado. Mas, sem dúvida, trata-se de uma má compreensão do sentido, pois essas expressões e a maneira como são usadas apontam para frutos diferentes do amor. O primeiro, diz respeito ao sofrimento das injúrias recebidas, e o segundo, ao espírito que suporta esses sofrimentos por causa de Cristo. O amor nutre ainda a fé e a esperança e, assim, persevera, e resiste, pois a fé vence o mundo, e a esperança em Deus permite ao cristão sempre triunfar em Cristo Jesus. Paulo apresenta o espírito de amor cristão, o comportamento de quem "se alegra com a verdade".

26 DE JULHO

"Muitas são as aflições do justo, mas o Senhor o livra de todas." Salmos, 34:19

Enquanto permanece neste mundo, o cristão é chamado de soldado da cruz, alguém cujo dever é combater corajosamente o combate da fé. Muitos são os ataques poderosos que os inimigos da graça fazem contra ele. Os que o odeiam estão sempre à espreita, esperando oportunidades contra ele, e às vezes se levantam, com terrível ira, para atacá-lo. O salmista diz que: "O anjo do Senhor acampa-se ao redor dos que o temem, e os livra" (Salmos, 34:7). Mais adiante, declara que "os justos clamam, e o Senhor os livra de todas as suas angústias" (verso 17). A igreja cristã tem sido alvo de perseguições, mas toda a oposição contra a verdadeira graça não será capaz de a derrubar.

27 DE JULHO

"Tu, Senhor, abençoarás ao justo; circundá-lo-ás da Tua benevolência como de um escudo." Salmos, 5:12

Deus defenderá a verdadeira graça no coração contra toda oposição. Ele nunca permitirá que o cristão seja derrubado por toda a força que possa ser exercida contra ele, pois é o propósito de Deus de sustentá-la. Somos impedidos de cair, não pelo poder inerente da graça em si, mas, como nos diz o apóstolo Pedro, "pelo poder de Deus, mediante a fé" (1 Pedro, 1:5). O Senhor se comprometeu a defendê-lo de todos os seus inimigos e a dar-lhe a vitória e, portanto, nunca será derrubado. O profeta Zacarias diz: "E o Senhor seu Deus os salvará, como ao rebanho do seu povo: porque como pedras de uma coroa eles resplandecerão na sua terra" (Zacarias, 9:16).

28 DE JULHO

"Se Deus é por nós, quem será contra nós?" Romanos, 8:31

Deus prometeu explícita e frequentemente que a verdadeira graça nunca será derrubada, como na declaração a respeito do homem bom, o qual "ainda que caia, não será totalmente derrubado; porque o Senhor o sustenta com a sua mão" (Salmos, 37:24). E nas palavras de Jeremias, 32:40: "Farei com eles uma aliança eterna de não me afastar deles para lhes fazer bem". Cristo, ao declarar que "não é da vontade do Pai que está nos céus que um destes pequeninos pereça" (Mateus, 18:14), disse que Suas ovelhas "nunca perecerão, e ninguém as arrebatará da sua mão" (João, 10:28). O cristão nada deve temer, pois "aquele que começou uma boa obra" em nós, "a realizará até o dia de Jesus Cristo" (Filipenses, 1:6).

29 DE JULHO

"Torre forte é o nome do Senhor; a ela correrá o justo, e estará em alto refúgio." Provérbios, 18:10

Se o indivíduo, após a conversão, se afastar de Deus, de Cristo e das coisas espirituais, e o coração novamente for atrás da vaidade e do mundo, os deveres da religião forem negligenciados, retornar aos caminhos do pecado, então sua conversão é enganosa. Os que têm a verdadeira graça em seus corações podem se alegrar por terem uma cidade forte, para a qual Deus os designou, gloriar-se no Altíssimo, seu refúgio, a rocha de sua salvação. Jesus certamente os conduzirá à vitória no final, pois Sua promessa nunca falhará. Seja fiel à sua parte, e em breve o cântico da vitória será seu, e a coroa da vitória Ele colocará sobre sua cabeça.

30 DE JULHO

"Aquietai-vos, e sabei que eu sou Deus." Salmos, 46:10

Esse salmo é um cântico numa época de grandes desolações no mundo. A igreja se apoia em Deus como seu refúgio, força e ajuda presente, mesmo em tempos de maiores dificuldades, como lemos nos versos 1 e 2: "Deus é o nosso refúgio e fortaleza, socorro bem presente na angústia. Portanto não temeremos, ainda que a terra seja removida, e ainda que os montes sejam levados para o meio dos mares". A igreja tem um Deus que a defende das calamidades, como nos versos 4 e 5: "Há um rio cujas correntes alegram a cidade de Deus, o santuário das moradas do Altíssimo. Deus está no meio dela; não se abalará. Deus a ajudará, já ao romper da manhã". O cristão deve estar quieto diante de Deus e aguardar Sua providência.

31 DE JULHO

"Meus pensamentos não são os vossos pensamentos, nem os vossos caminhos, os meus caminhos, diz o Senhor." Isaías, 55:8

Deus é tão infinitamente acima de toda compreensão, que não é razoável da nossa parte discutir com Suas orientações. Se Ele fosse um ser que pudéssemos compreender, Ele não seria Deus. Jó disse: "Porventura alcançarás os caminhos de Deus, ou chegarás à perfeição do Todo-Poderoso?" (Jó, 11:7). Se tivéssemos consciência da distância que existe entre Deus e nós, veríamos a razoabilidade da pergunta do apóstolo: "Quem és tu, ó homem, que a Deus replicas?" (Romanos, 9:20). Cabe a nós adorá-lo e nos submetermos a Ele com humilde reverência. "Portanto, submetam-se a Deus. Resistam ao Diabo, e ele fugirá de vocês" (Tiago, 4:7).

1º DE AGOSTO

"E estando em agonia, ele orou com mais fervor, e seu suor era como grandes gotas de sangue caindo no chão." Lucas, 22:44

Jesus, em sua natureza original, estava infinitamente acima de todo sofrimento, pois era "Deus sobre todos, bendito para sempre". Mas, quando se tornou humano, era capaz de sofrer, porque tinha a natureza fraca que as Escrituras comparam à grama do campo, que facilmente murcha e apodrece. Com toda sua fraqueza, Cristo assumiu a missão marcada pelo sofrimento. Quanto mais tempo Ele viveu no mundo, quanto mais viam e ouviam falar d'Ele, mais O odiavam, até que foi pendurado na cruz. Lucas diz: "Esforçai-vos para entrar pela porta estreita" (Lucas, 13:24), palavra usada especialmente naquela época dos Jogos Olímpicos, em que homens lutavam pelo domínio da corrida, da luta livre e de outros tipos de esportes, e por um prêmio que era concedido ao vencedor. Assim, o apóstolo, em sua epístola aos cristãos de Corinto, uma cidade da Grécia, onde tais jogos ocorriam anualmente, diz em alusão aos esforços dos participantes para levar o prêmio: "Correi de tal maneira que o alcanceis". Então, Paulo diz: "E rogo-vos, irmãos, por nosso Senhor Jesus Cristo e pelo amor do Espírito, que combatais comigo nas vossas orações por mim a Deus" (Romanos, 15:30). E aos Colossenses (4:12): "Combatendo sempre por vós em orações, para que vos conserveis firmes, perfeitos e consumados em toda a vontade de Deus". Cristãos devem orar o tempo todo, como Jesus pediu aos discípulos na parábola sobre o dever de orar sempre, e nunca desfalecer (Lucas, 18).

2 DE AGOSTO

"O Senhor fez todas as coisas para atender aos seus próprios desígnios." Provérbios, 16:4

A Deus todas as coisas pertencem, e Ele tem o direito de dispor delas de acordo com Sua vontade. Jó, 41:11: "Tudo o que há debaixo de todo o céu é meu". Sim, todo o Universo é de Deus. Paulo diz: "Porque nele foram criadas todas as coisas que há nos céus e na terra, visíveis e invisíveis, sejam tronos, sejam dominações, principados ou potestades" (Colossenses, 1:16). Nenhum cristão deve ser contrário à soberania de Deus. Sua vontade é de importância infinitamente maior do que a vontade das criaturas. Certamente é mais adequado que todas as coisas estejam sob a orientação de um Deus perfeito e infalível, do que serem deixadas sem a direção de Sua sábia providência.

3 DE AGOSTO

"O mundo passa, mas aquele que faz a vontade de Deus permanece para sempre." 1 João, 2:17

É absurdo supor que Deus seja obrigado a impedir que uma criatura peque e se exponha a um castigo. Se assim for, então seguir-se-á que não pode haver tal coisa como um governo moral de Deus sobre Suas criaturas. É bem mais adequado que o mundo seja ordenado pela sabedoria do que deixar acontecer por acaso. E como Deus tem sabedoria para qualificá-lo para ser soberano, Ele está qualificado para governar o mundo da melhor maneira. Portanto, devemos nos submeter ao que Ele designar, e alegremente dizer: "Teu é o reino, o poder e a glória para sempre", como em Apocalipse, 5:13: "Bênção, e honra, e glória, e poder sejam para Aquele que está assentado no trono".

4 DE AGOSTO

"Aquietai-vos, e sabei que eu sou Deus; serei exaltado entre os gentios; serei exaltado sobre a terra." Salmos, 46:10

Deus está sentado no trono de sua soberania, e seu reino governa sobre tudo. Ele age de acordo com Sua vontade no céu e entre os habitantes da terra. Tudo o que Deus fizer, será para sempre. Ele é capaz de formar a luz, e criar as trevas, fazer a paz, e criar o mal, para que saibam, desde a nascente do Sol e desde o Ocidente, que não há outro além d'Ele (Isaías, 45:6-7). Portanto, não há como impedir Deus de ser soberano. "Que diremos pois? que há injustiça da parte de Deus? De maneira nenhuma. Pois diz a Moisés: Compadecer-me-ei de quem me compadecer, e terei misericórdia de quem eu tiver misericórdia" (Romanos, 9:14-15).

5 DE AGOSTO

"Humilhai-vos, pois, debaixo da potente mão de Deus, para que a seu tempo vos exalte." 1 Pedro, 5:6

É por pensamentos mesquinhos que uma pessoa confia na própria justiça e pensa que Deus deveria respeitá-lo por isso. Se soubesse o quão grande Ele é, se visse que Ele é realmente Deus, perguntaria como poderia pensar em recomendar-se a um Ser tão grande com tanta hipocrisia e egoísmo. Se não tivesse pensamentos mesquinhos, veria sua indignidade de merecer misericórdia, e Seu amor eterno, então exclamaria, como Jó: "Agora meus olhos te veem; por isso me abomino e me arrependo no pó e na cinza" (Jó, 42:5-6). Paulo diz que: "a inclinação da carne é inimizade contra Deus, [...]. Portanto, os que estão na carne não podem agradar a Deus" (Romanos, 8:7-8).

6 DE AGOSTO

"Bem-aventurado é o povo cujo Deus é o Senhor." Salmos, 144:15

É dito na lei de Moisés: "Se alguém fizer pastar o seu animal num campo ou numa vinha, e largá-lo para comer no campo de outro, o melhor do seu próprio campo e o melhor da sua própria vinha restituirá" (Êxodo, 22:5). Ora, um homem pode ser a causa de o campo ou a vinha do seu vizinho ser comido, seja por omissão ou negligencia em fazer o que deveria para evitar que seu animal entrasse no campo de outrem. O salmista diz que um povo que se comporta como convém a um povo cujo Deus é o Senhor, tomará cuidado com os recintos de seus vizinhos (Salmos, 144: 30-31). Um cristão deve agir corretamente, de modo a não ser uma "pedra de tropeço ou obstáculo no caminho do irmão" (Romanos, 14:13).

7 DE AGOSTO

"Não dando nós escândalo em coisa alguma, para que o nosso ministério não seja censurado." 2 Coríntios, 6:3

Enganar o próximo através de fraude é uma forma de usurpação. Aproveitar-se da ignorância, ou do descuido, ou do erro do próximo, para obter vantagem, ou ter ganhos ocultando os defeitos do que vende, embora isso não seja feito falando falsamente, apenas mantendo silêncio, cobrando um preço mais alto do que realmente vale a mercadoria, e mais do que poderia ganhar se os defeitos ocultos fossem conhecidos, é ato condenado em Amós, 8:6: "Sim, e vendem o refugo do trigo". Por isso, Paulo advertiu para que nos despojássemos "do velho homem, que se corrompe pelas concupiscências do engano" (Efésios, 4:22). Esses negócios injustos tiram o que é do próximo.

8 DE AGOSTO

"Procurai as coisas honestas, perante todos os homens."
Romanos, 12:17

As coisas que fornecemos para nós mesmos devem ser obtidas honestamente, e devemos evitar todas as formas dissimuladas de obter qualquer coisa que seja do nosso próximo, seja por negociação fraudulenta, seja por tomada sem seu consentimento. O cristão deve tomar cuidado com a desonestidade ao reter o que é do seu próximo, seja por infidelidade à sua confiança em qualquer negócio que empreenda, ou por deixar de pagar as dívidas justas ao seu próximo. Considere a declaração do apóstolo: "A ninguém devais coisa alguma, senão o amor uns aos outros" (Romanos, 13:8). Cuide para não tirar vantagem da pobreza dos outros ao extorquir-lhes, porque Deus defenderá a causa deles.

9 DE AGOSTO

"Os lábios de justiça são o contentamento dos reis; eles amarão o que fala coisas retas." Provérbios, 16:13

Há muitas tentações de falsidade nas negociações, tanto sobre o que você compraria quanto sobre o que você tem para vender. Na compra, cuide para não cair na tentação de dizer: "Nada vale, nada vale, diz o comprador, mas, indo-se, então se gabará" (Provérbios, 20:14). Existem muitas tentações de cegar aqueles com quem você negocia sobre as qualidades do que você tem para vender, de diminuir os defeitos de suas mercadorias, ou de ocultá-los. Aqueles que agem assim, cometem aquele pecado, em Malaquias, 1:14, pegam em seu rebanho o que é bom, mas fazem votos e sacrifícios ao Senhor com "os dilacerados, os coxos e os enfermos".

10 DE AGOSTO

"Pois zelamos do que é honesto, não só diante do Senhor, mas também diante dos homens." 2 Coríntios, 8:21

Ananias e Safira foram acusados de mentir a Deus e de cometer um ato de fraude contra o próprio Deus. Então, Pedro disse: "Guardando-a não ficava para ti? E, vendida, não estava em teu poder? Por que formaste este desígnio em teu coração? Não mentiste aos homens, mas a Deus" (Atos, 5:4). Aqueles que conscientemente doam dinheiro ruim para o bem em uma contribuição para fins de caridade cometem um ato de fraude e engano para com Deus. Os diáconos que recebem as contribuições não as recebem em seus nomes, mas como recebedores de Cristo. Essas coisas devem ser suficientes para dissuadir cada cristão de ousar fazer tal coisa no futuro.

11 DE AGOSTO

"Aquele que furtava, não furte mais; antes trabalhe, fazendo com as mãos o que é bom, para que tenha o que repartir com o que tiver necessidade." Efésios, 4:28

Retirar intencionalmente qualquer bem do seu vizinho sem o seu consentimento ou conhecimento é desonestidade. É uma prática que é muito comum, especialmente entre crianças e jovens, roubar frutas das árvores ou cercados dos vizinhos. Trata-se de interpretação irracional daquele texto das Escrituras, em Deuteronômio, 23:24: "Quando entrares na vinha do teu próximo, então poderás comer uvas até te fartar. Mas não porás nada na tua vasilha". Esse texto não pode ser usado para justificar que crianças e outras pessoas acessem árvores frutíferas de seus vizinhos para pegar e comer os frutos.

12 DE AGOSTO

"O amor nunca falha: mas havendo profecias, elas falharão; se houver línguas, cessarão; se houver conhecimento, ele desaparecerá." 1 Coríntios, 13:8

O apóstolo mostra a superioridade do amor sobre todas as outras graças do Espírito. Primeiro, mostra que o amor é essencial, e que todos os outros dons não são nada sem ele. Depois, que d'Ele surgem todos os bons comportamentos, e que o amor é o mais durável de todos os dons e permanecerá quando a igreja de Deus estiver em seu estado mais perfeito, bem como quando os outros dons do Espírito tiverem desaparecido. Ademais, a excelência do amor é demonstrada quando Paulo declara que o amor resiste a toda oposição que possa ser feita contra ele: "O amor nunca falha". O amor dura por toda a eternidade.

13 DE AGOSTO

"[...] selou e deu o penhor do Espírito em nossos corações."
2 Coríntios, 1:22

O Espírito de Santo é dado aos cristãos eternamente, para influenciá-los e habitar neles. É a soma de todas as coisas boas nesta vida e na vida futura, a grande promessa de Deus, como disse o apóstolo Pedro no dia de Pentecostes (Atos, 2:32- 33): "Este Jesus [...] sendo exaltado pela destra de Deus, e tendo recebido do Pai a promessa do Espírito Santo, derramou isto que agora vedes e ouvis". Jesus prometeu à Sua igreja (João, 14:16-17): "Eu rogarei ao Pai, e Ele vos dará outro Consolador, para que fique convosco para sempre; o Espírito da verdade; a quem o mundo não pode receber, porque não o vê, nem o conhece; mas vós o conheceis; porque Ele habita convosco e estará em vós".

14 DE AGOSTO

"As muitas águas não podem apagar este amor." Cânticos, 8:7

O Espírito de Deus é dado aos crentes em Cristo, de forma definitiva e para sempre. Cristo se tornou deles e, portanto, seu Espírito é deles. Mas, quanto à fé e à esperança, se não houver nada de amor divino com eles, não poderá haver mais do Espírito de Deus neles do que é comum a qualquer pessoa não regenerada. Isso fica claro, quando Paulo diz: "Ainda que eu tivesse toda a fé, de maneira tal que transportasse os montes, e não tivesse amor, nada seria" (1 Coríntios, 13:2). Toda fé e esperança salvadora têm o amor como ingredientes e como essência, mas se esse ingrediente for retirado, não restará nada além do corpo sem o espírito, na melhor das hipóteses, apenas um fruto comum do Espírito.

15 DE AGOSTO

"O que se ajunta com o Senhor é um mesmo espírito." 1 Coríntios, 6:17

O apóstolo, falando no quarto capítulo de Efésios, sobre a graça, diz que o Espírito foi dado "para o aperfeiçoamento dos santos, para a obra do ministério, para a edificação do corpo de Cristo; até que todos cheguemos à unidade da fé e ao conhecimento do Filho de Deus, a um homem perfeito". Assim, quando os santos forem aperfeiçoados e já atingirem a medida da estatura da plenitude de Cristo, então não haverá mais necessidade de crescimento espiritual. Nesse aspecto, é muito parecido com os frutos do campo, que precisam de lavoura, chuva e Sol, até que estejam maduros e colhidos, e então não precisam mais deles. Esses dons do Espírito foram dados à igreja em todos os tempos.

16 DE AGOSTO

"Deus é amor; e quem está em amor está em Deus, e Deus nele."
1 João, 4:16

O amor divino é o grande fruto do Espírito, que nunca falha, é dado para sempre à igreja, e habita em Seus santos. Cada verdadeiro membro da igreja de Cristo tem o amor divino, que permanece apesar de todas as provações e oposições, como o apóstolo nos diz: "Nada poderá nos separar do amor de Deus que está em Cristo Jesus, nosso Senhor" (Romanos, 8:38-39). Esse amor que agora parece apenas uma faísca será aceso em uma chama brilhante e resplandecente em cada alma resgatada, que será cheia de amor divino e santo, que permanecerá e crescerá na gloriosa perfeição e bem-aventurança no céu, e será aperfeiçoado lá, onde elas viverão e reinarão com Deus para todo o sempre.

17 DE AGOSTO

"Cria em mim, ó Deus, um coração puro, e renova em mim um espírito reto." Salmos, 51:10

Ter um coração puro é o caminho para chegar à bem-aventurança de ver a Deus (Mateus, 5:8). A religião dos judeus da época de Cristo era baseada em ritos e cerimônias da lei de Moisés, mas negligenciava a santidade do coração. Por isso, Cristo lhes diz: "Ai de vós, escribas e fariseus, hipócritas! Porque limpais o exterior, mas por dentro estais cheios de toda a imundícia" (Mateus, 23:25,27). E aos que O seguiam, declarou: "Se a vossa justiça não exceder a dos escribas e fariseus, de modo nenhum entrareis no reino dos céus" (Mateus, 5:20). Jesus disse aos religiosos daqueles dias, que tinham um espírito cruel, que os misericordiosos e pacificadores são abençoados.

18 DE AGOSTO

"Agora, libertados do pecado, e feitos servos de Deus, tendes o vosso fruto para santificação, e por fim a vida eterna." Romanos, 6:22

Deus entregou Seus mandamentos no monte Sinai por uma voz audível, com trovões, relâmpagos e terremotos. Mas as principais explicações sobre a Palavra e da vontade de Deus para a humanidade foram dadas por Jesus no sermão feito também de uma montanha, no sermão em que fala das bem-aventuranças. E João diz: "Porque a lei foi dada por Moisés, mas a graça e a verdade vieram por Jesus Cristo" (João, 1:17). O apóstolo Paulo disse aos irmãos de Roma que não estavam debaixo da lei, mas sim debaixo da graça (Romanos, 6:14), bem como que foram justificados gratuitamente pela redenção que há em Cristo Jesus (Romanos, 3:24).

19 DE AGOSTO

"Ora, o fim do mandamento é o amor de um coração puro."
1 Timóteo, 1:5

Cristo disse que os puros de coração são bem-aventurados. Ele sabia que toda a humanidade estava em busca da felicidade, e orientou sobre o que deveria ser feito para sermos abençoados e felizes no sermão da montanha. É verdadeiramente abençoada a alma que pode ver a Deus, e a pureza de coração é o caminho para alcançar essa graça. O salmista também fala sobre os puros de coração: "Quem subirá ao monte do Senhor, ou quem estará no seu lugar santo? Aquele que é limpo de mãos e puro de coração, [...] Este receberá a bênção do Senhor" (Salmos, 24:3,5). E o apóstolo adverte: "Segue a justiça, a fé, o amor, e a paz com os que, com um coração puro, invocam o Senhor" (2 Timóteo, 2:22).

20 DE AGOSTO

"Buscai ao Senhor e à sua força; buscai a sua face continuamente."
1 Crônicas, 16:11

As descobertas que os santos têm neste mundo da glória e do amor de Deus são frequentemente chamadas nas Escrituras de visão de Deus. Assim se diz de Abraão que ele viu aquele que é invisível (Hebreus, 11:27), bem como que os santos veem como num espelho a glória do Senhor: "Mas todos nós, com rosto descoberto, refletindo como um espelho a glória do Senhor, somos transformados de glória em glória na mesma imagem, como pelo Espírito do Senhor" (2 Cor., 3:18). Cristo fala do conhecimento espiritual de Deus: "Se vocês me conhecessem, também conheceriam meu Pai; e desde agora vocês o conhecem e o têm visto" (João, 14:7). Os santos neste mundo têm o alvorecer da luz futura.

21 DE AGOSTO

"Buscar-me-eis, e me achareis, quando me buscardes com todo o vosso coração." Jeremias, 29:13

A fonte que fornece aquela alegria e deleite ao ver Deus é suficiente para encher o vaso. Porque é infinito. Aquele que vê a glória de Deus contempla o que não tem fim. Ele poderá descobrir cada vez mais a beleza e amabilidade de Deus, mas nunca esgotará a fonte. Nunca poderemos, subindo e subindo, chegar ao auge do amor de Deus, ou "compreender, com todos os santos, qual é a largura, e o comprimento, e a profundidade, e a altura; e conhecer o amor de Cristo, que excede todo conhecimento; para que sejais cheios de toda a plenitude de Deus" (Efésios, 3:18-19). Quão abençoados são, portanto, aqueles que veem a Deus, que encontram a fonte inesgotável!

22 DE AGOSTO

"Confiai no Senhor perpetuamente, porque no Senhor Deus é uma rocha eterna." Isaías, 26:4

Deus nos criou para durarmos para sempre e, portanto, nossa verdadeira bem-aventurança tem um fundamento seguro e duradouro. Quanto aos prazeres mundanos, seu alicerce é arenoso, que se desgasta continuamente e certamente deixará finalmente o edifício cair. Se tivermos prazer nas riquezas, elas em breve desaparecerão. As coisas de onde extraímos prazeres perecerão com o uso, bem como nossos órgãos ficarão desgastados e toda a nossa forma exterior se transformará em pó. Mas o profeta diz: "O Senhor será a tua luz perpétua [...] Nunca mais se porá o teu sol, nem a tua lua minguará; porque o Senhor será a tua luz perpétua" (Isaías, 60:19-20).

23 DE AGOSTO

"Porque a graça salvadora de Deus se há manifestado a todos os homens." Tito, 2:11

Deus revelou Seu amor eterno: "Há muito que o Senhor me apareceu, dizendo: Porquanto com amor eterno te amei" (Jeremias, 31:3). As correntes de prazer que estão à direita de Deus nunca estão secas, mas sempre fluindo e sempre cheias. Temos os gloriosos atributos e perfeições de Deus declarados a nós. O amor de Deus por meio de Jesus Cristo é revelado no Evangelho, suas belezas e glórias apontadas pela própria mão de Deus, o alvorecer da luz. Grande, portanto, é o privilégio de termos esse conhecimento espiritual, não apenas nas doutrinas de Sua palavra, mas também orientações abundantes sobre como agir, que podem nos levar a um estado celestial e, com justiça, ao céu.

24 DE AGOSTO

"Eu amo aos que me amam, e os que cedo me buscarem, me acharão." Provérbios, 8:17

O Espírito de Deus é um Espírito de amor, e quando entra na alma, o amor também entra com ele. Deus é amor, e aquele que tem Deus habitando nele terá amor. O Espírito Santo o transmite aos santos, para que seus corações estejam cheios da caridade divina. Assim, descobrimos que os santos são participantes da natureza divina, e o amor cristão é chamado de "amor do Espírito" (Romanos, 15:30). Amor e misericórdia parecem significar a mesma coisa com a comunhão do Espírito (Filipenses, 2:1). É esse Espírito também que infunde amor a Deus (Romanos, 5:5), e é pela habitação desse Espírito que a alma permanece em amor a Deus e ao próximo (1 João, 3: 23-24; e 4:12-13).

25 DE AGOSTO

"Cheios dos frutos de justiça, que são por Jesus Cristo, para glória e louvor de Deus." Filipenses, 1:11

Por mais exato que uma pessoa seja na observância dos deveres, se tiver o cuidado de não prejudicar a ninguém, e puder dizer, como fez o jovem fariseu: "Todas essas coisas tenho observado desde a minha mocidade", isto é, ser muito rigorosa, mas não tiver santidade de coração, nunca verá a Deus. É preciso ter um novo coração e um espírito reto, porque Deus diz: "Dá-me, filho meu, o teu coração, e os teus olhos observem os meus caminhos" (Provérbios, 23:26; 1 Samuel, 16:7). As pessoas podem se comportar bem, mas é para o coração que Deus olha, pois "todos os caminhos do homem lhe parecem puros, mas o Senhor avalia o espírito" (Provérbios, 16:2).

26 DE AGOSTO

"Purificando as vossas almas pelo Espírito na obediência à verdade."
1 Pedro, 1:22

O coração puro estará continuamente se esforçando para purificar-se de toda sujeira. Embora haja restos de impureza, a nova natureza é tão contrária a ela que nunca descansará, mas sempre estará se purificando, como um riacho, mesmo se a água for boa, por mais contaminada que seja pelas margens lamacentas, ela se refinará à medida que corre e se tornará clara novamente. Portanto, aquele que é puro de coração nunca permitirá viver em nenhum pecado. Se ele for surpreendido em uma falta, ele retornará e se purificará novamente pelo arrependimento e pela reforma, e por um cuidado mais sincero para que possa evitar cometer novamente esse pecado no futuro.

27 DE AGOSTO

"Irmãos, tudo o que é verdadeiro, tudo o que é honesto, tudo o que é justo, tudo o que é puro, tudo o que é amável, tudo o que é de boa fama, se há alguma virtude, e se há algum louvor, nisso pensai."
Filipenses, 4:8

Essa pureza de coração sobre a qual Paulo fala aos filipenses é absolutamente necessária para que possamos ver a Deus. Deve haver uma renúncia a todas as práticas e conversas impuras. Pessoas que vivem na negligência de tal concupiscência na prática, ou mesmo que seja apenas em pensamentos, têm corações impuros e nunca verão a Deus a menos que procurem se purificar. Diz-se que o coração é puro quando é dotado de qualidades positivas. Basta confessar, pois Jesus "é fiel e justo para perdoar os nossos pecados e nos purificar" (1 João, 1:9).

28 DE AGOSTO

"Se andarmos na luz, como ele está na luz, temos comunhão uns com os outros, e o sangue de Jesus, seu Filho, nos purifica de todo pecado."
1 João, 1:7

É puro de coração quem se deleita nos exercícios sagrados, aqueles cuja santidade tem uma influência tão forte em seu coração que ele fica cativado por isso. Ele se deleita no puro amor a Deus, no temor de Deus, em louvar e a glorificar a Deus, bem como no amor ao próximo. Ele tem apetite espiritual e sua alma o leva acima da luxúria e dos prazeres contaminados deste mundo. Ele quer seguir o caminho divino para a bem-aventurada e gloriosa presença de Deus. O prazer que ele escolhe e principalmente deseja é desfrutar da comunhão com Deus. É puro de coração quem tem sede da luz pura da nova Jerusalém.

29 DE AGOSTO

"Deus não nos chamou para a impureza, mas para a santidade."
1 Tessalonicenses, 4:7

Deus é o doador do coração puro, e Ele o dá justamente para que estejamos preparados para a bem-aventurança de vê-lo. Assim somos ensinados nas Escrituras. O povo de Deus é santificado e seu coração é purificado, para que seja preparado para a glória, assim como os vasos são preparados pelo oleiro para o uso que ele deseja. Eles são eleitos para a vida eterna, e recebem pureza de coração, com o propósito de prepará-los para aquilo para o qual foram escolhidos. "E para que ele pudesse dar a conhecer as riquezas da sua glória nos vasos de misericórdia, que ele antes preparou para a glória" (Romanos, 9:23). É naturalmente impossível que a alma impura veja a Deus.

30 DE AGOSTO

"A graça salvadora de Deus se há manifestado, ensinando-nos que, renunciando à impiedade e às concupiscências mundanas, vivamos neste presente século sóbria, e justa, e piamente, aguardando o aparecimento da glória de Jesus, o qual se deu a si mesmo por nós para nos remir de toda a iniquidade, e purificar para si um povo especial." Tito, 2:11,14

A igreja está vestida de linho fino, limpo e branco, o que significa a pureza (Apocalipse, 19:7-8). E no capítulo 21:2, o apóstolo diz: "E eu, João, vi a cidade santa, a nova Jerusalém, que descia do céu, da parte de Deus, preparada como uma noiva adornada para o seu marido". Se Deus quer nos preparar para si mesmo, Ele alcançará o fim que almeja, porque ninguém pode impedi-lo de fazer o que pretende.

31 DE AGOSTO

"Aproximem-se de Deus, e Ele se aproximará de vocês! Pecadores, limpem as mãos, e vocês, que têm a mente dividida, purifiquem o coração." Tiago, 4:8

Todos os esforços de purificação são dever do cristão. Somos ordenados a criar para nós um novo coração e um espírito reto, como diz o profeta Ezequiel (18:31): "Lançai de vós todas as vossas transgressões com que transgredistes, e fazei-vos um coração novo e um espírito novo". Se você não purificar o próprio coração, nunca será puro. Embora a estrada seja um pouco difícil no início, ela será cada vez mais agradável, até que o leve àquele paraíso glorioso, cujos habitantes veem a Deus, porque "o caminho dos justos é como a luz da aurora que vai brilhando mais e mais até ser dia perfeito" (Provérbios, 4:18).

Lá, no céu, a fonte infinita de amor estará aberta sem nenhum obstáculo que impeça o acesso a ela, pois flui para sempre. Lá, esse Deus glorioso se manifestará e brilhará em plena glória, em raios de amor, e os rios que fluem dessa fonte se transformarão em um oceano em que as almas dos resgatados poderão se banhar com o mais doce prazer, e terão seus corações inundados de amor. Deus será glorificado não apenas pelo fato de Sua glória ser vista, mas também pelo fato de ela ser desfrutada. Deus será mais glorificado do que se eles apenas O vissem, pois Sua glória será então recebida por toda a alma, tanto pelo entendimento quanto pelo coração.

1º DE SETEMBRO

"Assim fez Noé; conforme tudo o que Deus lhe ordenou." Gênesis, 6:22

Deus ordenou a Noé a construção de uma arca, pois viria o dilúvio, com armazenamento de alimentos para ele, sua família e os outros animais que deveriam ser preservados. Noé agiu conforme tudo o que Deus lhe ordenou, e completou a obra. O apóstolo aborda essa obediência, em Hebreus, 11:7: "Pela fé, Noé, divinamente avisado das coisas que ainda não se viam, temeu e, para salvação da sua família, preparou a arca, pela qual condenou o mundo, e foi feito herdeiro da justiça que é segundo a fé".

Construir tal estrutura foi um grande empreendimento que durou cento e vinte anos para ser concluído, como aparece em 1 Pedro, 3:20: "Quando a longanimidade de Deus esperava nos dias de Noé, enquanto se preparava a arca". Noé gastou todos os seus bens na obra, manifestando sua fé na palavra de Deus, vendendo tudo o que tinha, dando a nós o exemplo de que devemos vender tudo para a nossa salvação.

As Escrituras orientam a buscar a salvação como em uma corrida em que devemos nos sagrar vencedores, a fim de ganharmos o prêmio (1 Coríntios, 9:24-25). O cristão deve estar pronto para abrir mão dos prazeres, dos bens e tomar a cruz, negar-se a si mesmo, e seguir a Cristo. Não para merecer a salvação, porque: "Não pelas obras de justiça que praticamos, mas segundo a sua misericórdia, Ele nos salvou" (Tito, 3:5). Embora não seja necessário que faça algo para merecer a salvação, Deus determinou que não chegaríamos à salvação final de nenhuma outra maneira, a não ser pelas boas obras realizadas por nós.

2 DE SETEMBRO

"Vinde então, e argui-me, diz o Senhor: ainda que os vossos pecados sejam como a escarlata, eles se tornarão brancos como a neve; ainda que sejam vermelhos como o carmesim, se tornarão como a branca lã." Isaías, 1:18

Busque a pureza do coração e siga os caminhos designados por Deus. Examine frequentemente seu coração e implore a Deus que Ele lhe dê seu Espírito Santo. É o Espírito de Deus que purifica a alma. Por isso, é frequentemente comparado ao fogo, que batiza com fogo. Ele limpa o coração como o fogo limpa os metais, e queima a sujeira da mente. Limpe-se de toda impureza de fala e de comportamento. Seja firme em sua conduta, como diz o profeta: "Purificai-vos, tirai a maldade de vossos atos" (Isaías, 1:16).

3 DE SETEMBRO

"O Senhor teu Deus pede de ti [...] que temas o Senhor teu Deus, que andes em todos os seus caminhos, e o ames, e sirvas ao Senhor teu Deus com todo o teu coração e com toda a tua alma." Deuteronômio, 10:12

O tipo de religião que Deus exige, e aceita, não consiste em "desejos" monótonos e sem vida, inclinações fracas que carecem de convicções. Em Sua palavra, insiste que sejamos sinceros, fervorosos de espírito e que nossos corações estejam vigorosamente engajados em nossa religião. "Sede fervorosos em espírito, servindo ao Senhor" (Romanos, 12:11), fruto de uma verdadeira circuncisão do coração: "E o Senhor teu Deus circuncidará o teu coração, e o coração de teus filhos, para amar o Senhor teu Deus de todo o teu coração e de toda a tua alma, para que vivas" (Deuteronômio, 30:6).

4 DE SETEMBRO

"Não sabeis vós que sois o templo de Deus e que o Espírito de Deus habita em vós?" 1 Coríntios, 3:16

A verdadeira religião é poderosa, e esse poder aparece, primeiro, nos exercícios internos do coração. O Espírito de Deus é um espírito de poderosa e santa afeição na vida daqueles que têm uma religião sã e sólida. É por isso que está escrito que Deus deu ao seu povo o espírito de poder, de amor e de moderação (2 Timóteo, 1:7). Quando recebemos o Espírito de Deus, no batismo do Espírito Santo, é como "fogo", e com ele as influências santificadoras e salvadoras de Deus. Quando isso acontece, quando a graça opera dentro de nós, às vezes ela "arde" dentro de nós, como aconteceu com os discípulos de Jesus (Lucas, 24:32).

5 DE SETEMBRO

"Torna a dar-me a alegria da Tua salvação, e sustém-me com um espírito voluntário. Então ensinarei aos transgressores os Teus caminhos, e os pecadores a Ti se converterão." Salmos, 51:12-13

O amor tem lugar de destaque nas Escrituras, e somos chamados a amar a Deus, e ao Senhor Jesus Cristo, e ao nosso próximo. Mas também é mencionada a afeição contrária: "O temor do Senhor é odiar o mal" (Provérbios, 8:13). O desejo santo, expressado no anseio e na sede de Deus, faz parte da verdadeira religião (Salmos, 42:1-2). Além do amor, as Escrituras falam da alegria como parte da religião verdadeira: "Deleite-se no Senhor, e Ele atenderá aos desejos do seu coração" (Salmos, 37:4), a qual figura entre os principais frutos do Espírito listados em Gálatas, 5:22.

6 DE SETEMBRO

"Quando estiverdes orando, perdoai, se tendes alguma coisa contra alguém, para que vosso Pai, que está nos céus, vos perdoe as vossas ofensas." Mateus, 11:25

A tristeza religiosa, o luto e o coração partido são frequentemente mencionados como qualidades dos santos. "Bem-aventurados os que choram", disse Jesus, "porque serão consolados" (Mateus, 5:4). É também um sacrifício agradável e aceitável a Deus (Salmos, 51:17). A compaixão, um afeto essencial na verdadeira religião, determina quem é justo: "O justo tem misericórdia" (Salmos, 37:21), e mostra honra a Deus: "Aquele que honra o Senhor usa de misericórdia para com os pobres" (Provérbios, 14:31). O próprio Jesus disse como obter misericórdia: "Bem-aventurados os misericordiosos, porque eles receberão misericórdia" (Mateus, 5:7).

7 DE SETEMBRO

"Nós o amamos a Ele porque Ele nos amou primeiro." 1 João, 4:19

Aquele que ama sinceramente a Deus vai prestar-lhe o devido respeito, bem como aos seus semelhantes. O amor a Deus nos leva a reconhecer de coração Sua grandeza, glória e domínio, motivo de em todos nossos atos prestarmos obediência, pois o servo que ama seu senhor e o súdito que ama seu soberano estarão dispostos à devida sujeição e obediência. O amor disporá o cristão a se comportar para com Deus como um filho para com o pai, e em meio às dificuldades recorrer a Ele, depositando n'Ele toda a confiança. Isso nos disporá a louvar a Deus pelas misericórdias que recebemos d'Ele. Um verdadeiro cristão deleita-se em exaltar a Deus, porque Ele o ama, e reconhece que o Altíssimo é digno de todo seu amor.

8 DE SETEMBRO

"Nada façais por contenda ou por vanglória, mas por humildade; cada um considere os outros superiores a si mesmo. Não atente cada um para o que é propriamente seu, mas cada qual também para o que é dos outros. De sorte que haja em vós o mesmo sentimento que houve também em Cristo Jesus." Filipenses, 2:3,5

O cristão deve demonstrar amor sincero ao próximo, de modo a nunca o prejudicar, porque "O amor não faz mal ao próximo" (Romanos, 13:10). Esse mesmo amor o levará a ser verdadeiro com o próximo, e tenderá a prevenir todas as fraudes e enganos (Efésios, 4:25). O amor nos leva a caminhar humildemente entre as pessoas, pois um amor real e verdadeiro nos inclinará a pensamentos elevados sobre os outros e a considerá-los melhores do que nós mesmos.

9 DE SETEMBRO

"O fim do mandamento é o amor de um coração puro, e de uma boa consciência, e de uma fé não fingida." 1 Timóteo, 1:5

Se não houver amor naquilo que os cristãos fazem, então não haverá verdadeiro respeito a Deus ou aos semelhantes em sua conduta. A religião não é nada sem demonstrar amor pela criatura, bem como para o Criador. Se não houver verdadeiro respeito, tudo o que é chamado de religião é apenas um espetáculo. Se a fé de uma pessoa for de tal tipo que não haja nela respeito a Deus, é vã, porque o amor está contido em uma fé verdadeira e viva. Portanto, sem amor não pode haver submissão sincera à vontade de Deus, tampouco confiança real n'Ele. Aquele que não ama a Deus não confiará n'Ele de modo a se lançar nos braços de Sua misericórdia.

10 DE SETEMBRO

"Mas temos confiança e desejamos antes deixar este corpo, para habitar com o Senhor." 2 Coríntios, 5:8

O apóstolo está dando a razão pela qual ele prosseguiu com tanta ousadia e firmeza inabalável, através de tais trabalhos, sofrimentos e perigos de sua vida, no serviço de seu Senhor, motivos de seus inimigos, os falsos mestres entre os coríntios, às vezes o censurarem por estar fora de si e levado por uma espécie de loucura. Na última parte do capítulo anterior, o apóstolo falava que a razão de ele ter feito isso foi por acreditar firmemente nas promessas de Cristo aos Seus servos fiéis, ao declarar que não buscava "as coisas que se veem, mas as que se não veem; porque as que se veem são temporais, e as que se não veem são eternas" (2 Coríntios, 4:18).

11 DE SETEMBRO

"Porque Deus, que disse que das trevas resplandecesse a luz, é quem resplandeceu em nossos corações, para iluminação do conhecimento da glória de Deus, na face de Jesus Cristo." 2 Coríntios, 4:6

Mesmo em meio a todas suas tribulações o apóstolo obteve esperança por sua fé no privilégio futuro. Não ficou desanimado, pois teve luz constante, força e conforto, como lemos nos versículos 8, 9 e 10 do quarto capítulo de sua segunda epístola aos coríntios: "Em tudo somos atribulados, mas não angustiados; perplexos, mas não desanimados. Perseguidos, mas não desamparados; abatidos, mas não destruídos, trazendo sempre por toda a parte a mortificação do Senhor Jesus no nosso corpo, para que a vida de Jesus se manifeste também nos nossos corpos".

12 DE SETEMBRO

"Tendo recebido um reino que não pode ser abalado, retenhamos a graça, pela qual sirvamos a Deus agradavelmente, com reverência e piedade." Hebreus, 12:28

A igreja de Deus é distinguida nas Escrituras em duas partes: aquela que está no céu; e aquela que está na Terra, como em Colossenses, 1:20, "havendo por ele feito a paz pelo sangue da sua cruz, por meio d'Ele reconciliasse consigo mesmo todas as coisas, tanto as que estão na terra, como as que estão nos céus". Os justos estarão na mesma cidade do Deus vivo, na Jerusalém celestial, junto à inumerável companhia de anjos, e Jesus, o Mediador da nova aliança, como é manifesto em Hebreus, 12:22,24. As almas dos verdadeiros santos vão para Jesus Cristo, serão levadas à mais perfeita conformidade e união com Ele.

13 DE SETEMBRO

"Eu sou o bom Pastor, e conheço as minhas ovelhas, e das minhas sou conhecido." João, 10:14

A relação que os santos mantêm com Jesus é a união mais perfeita e gloriosa. Eles não são apenas servos de Cristo, mas também seus amigos (João, 15:15), Seus irmãos e companheiros (Salmos, 122:8). Cristo tratou da maneira mais amigável Seus discípulos, admitiu que um deles se apoiasse em seu peito. Embora esteja lá em cima em um estado de exaltação, reinando como soberano Senhor, a grande glória do Redentor não impede uma aproximação com seus amigos, como Jesus disse a Pedro, em Mateus, 14:27: "Sou eu, não tenha medo". O Cordeiro no meio do trono será seu pastor, para os apascentar, "e lhes servirá de guia para as fontes vivas das águas" (Apocalipse, 7:17).

14 DE SETEMBRO

"E nos ressuscitou juntamente com Ele e nos fez assentar nos lugares celestiais." Efésios, 2:6

Assim como a esposa é recebida em posse conjunta dos bens de seu marido, a esposa de Cristo será recebida para habitar com Ele no céu, participará de Sua glória. Quando Cristo ressuscitou dos mortos e tomou posse da vida eterna, ascendeu ao céu e foi exaltado com grande glória, não apenas para Si mesmo, mas para seu povo, para "mostrar nos séculos vindouros as abundantes riquezas da sua graça pela sua benignidade" (Efésios, 2:7). Ele recebeu honra e glória do Pai, quando O colocou à Sua direita. Cristo e seus santos serão glorificados juntos, pois, "se é certo que com Ele padecemos, também com Ele seremos glorificados" (Romanos, 8:17).

15 DE SETEMBRO

"Toda a lei se cumpre numa só palavra, nesta: Amarás ao teu próximo como a ti mesmo." Gálatas, 5:14

As Escrituras mencionam que há "lei" e "profetas". E às vezes, pela lei, entende-se os dez mandamentos como a soma de todos os deveres da humanidade. Mas vemos que tudo o que é exigido do cristão é o amor. Assim é dito, em Romanos, 13:8: "Aquele que ama aos outros cumpriu a lei", e é acrescentado, no décimo versículo, que "o amor" (que nos leva a obedecer a todos os mandamentos) "é o cumprimento da lei". Em Mateus, 22:40, Cristo ensina que dos dois primeiros mandamentos, de amar a Deus de todo o coração, e ao próximo como a nós mesmos, dependem toda a lei e os profetas, ou seja, toda a palavra escrita de Deus, o que era chamado de lei e profetas.

16 DE SETEMBRO

"Porque em seus olhos se lisonjeia, até que a sua iniquidade se descubra ser detestável." Salmos, 36:2

No versículo anterior, Davi diz: "A transgressão dos ímpios diz em meu coração que não há temor de Deus diante de seus olhos", isto é, quando ele viu que os ímpios continuavam no pecado, de uma forma permitida de maldade, isso o convenceu de que eles não tinham medo daqueles terríveis julgamentos e daquela ira com a qual Deus ameaçou os pecadores. Dessa maneira, continuavam a pecar até que sua iniquidade fosse considerada odiosa, ou seja, descobrirem por experiência própria que pecar contra Deus e quebrar seus santos mandamentos levam a um fim como o registrado, em Provérbios, 23:32: "Finalmente morderá como uma serpente e picará como uma víbora".

17 DE SETEMBRO

"A lei e os profetas duraram até João; desde então é anunciado o reino de Deus, e todo o homem emprega força para entrar nele." Lucas, 16:16

João Batista preparou o caminho para o Novo Testamento. Depois dele, Cristo pregou o mesmo (Mateus, 4:17). Então, os discípulos foram orientados a pregar, "dizendo: O reino dos céus está próximo" (Mateus, 10:7). A antiga dispensação foi abolida e a nova introduzida gradativamente, como quando a noite cessa e dá lugar ao dia crescente. Paulo explicou que "[...] antes que a fé viesse, estávamos debaixo da lei, que serviu para nos conduzir a Cristo, para que pela fé fôssemos justificados. Mas, depois que veio a fé, já não estamos debaixo da lei, porque fomos feitos filhos de Deus pela fé em Cristo Jesus" (Gálatas, 3:23,26).

18 DE SETEMBRO

"Disse, porém, Rute: [...] o teu povo é o meu povo, o teu Deus é o meu Deus." Rute, 1:16

Essa história parece ser típica da vocação e, na verdade, da conversão de cada crente. Rute não era originalmente de Israel, mas sim moabita, mas abandonou seu povo e os ídolos dos gentios para adorar o Deus de Israel e unir-se a esse povo, como todo verdadeiro cristão abandona tudo por Cristo. Algumas pessoas se voltam para Deus da mesma forma, unindo-se à companhia abençoada de Cristo, que diz: "Todo aquele que fizer a vontade de meu Pai que está nos céus, esse é meu irmão, irmã e mãe" (Mateus, 12:50). Há grande encorajamento na Palavra de Deus para os pecadores buscarem a salvação. Eles escolhem uma vida de santidade aqui, e desfrutarão do céu no futuro.

19 DE SETEMBRO

"Quem crê em mim, como diz a Escritura, rios de água viva correrão do seu ventre." João, 7:38

Quando as águas curativas de Ezequiel aumentaram abundantemente, o efeito delas foi geral: "E acontecerá que tudo o que vive, que se move, por onde quer que os rios venham, viverá. E haverá uma multidão muito grande de peixes, porque estas águas chegarão para lá; porque serão curados, e viverá tudo por onde o rio passa" (Ezequiel, 47:9-10). E nos tempos dos apóstolos, um sucesso maravilhoso ocorreu onde o Evangelho foi pregado, e muitos "glorificaram a palavra do Senhor; e creram todos os que estavam destinados para a vida eterna" (Atos, 13:48). O apóstolo diz: "Recebei com mansidão a palavra em vós enxertada, a qual pode salvar as vossas almas" (Tiago, 1:21).

20 DE SETEMBRO

"Compadece-se de quem quer, e endurece a quem quer." Romanos, 9:18

No início do nono capítulo, Paulo expressa sua tristeza pelos judeus, que foram rejeitados por Deus. Ele observa a diferença que Deus fez pela eleição entre a maior parte desse povo e os gentios ao falar sobre a soberania de Deus em eleger alguns para a vida eterna, e rejeitar outros, abordando o que Deus disse a Moisés: "Terei misericórdia de quem eu tiver misericórdia" (verso, 15), Depois, diz "e a quem ele quiser, ele endurece". E explicou que "todos pecaram e destituídos estão da glória de Deus [mas, são] justificados gratuitamente pela sua graça, pela redenção que há em Cristo Jesus" (Romanos, 3:23-24). Portanto, Deus pode salvar qualquer pecador, sem prejuízo à honra da Sua verdade.

21 DE SETEMBRO

"Conforme a sua grande misericórdia, Ele nos regenerou para uma esperança viva, por meio da ressurreição de Jesus Cristo." 1 Pedro, 1:3

Pelo que Cristo fala sobre regeneração: "O que nasce da carne é carne, e o que nasce do Espírito é espírito" (João, 3:6), é inegável que pretendia mostrar a Nicodemos a necessidade da regeneração. Uma pessoa não pode ter uma natureza superior se não se regenerar, "porque a carne cobiça contra o espírito, e o espírito contra a carne; e são contrários um ao outro" (Gálatas, 5:17). Paulo discorre sobre as obras da carne, e ainda sobre os frutos do Espírito. Depois, diz que "quem semeia no Espírito, do Espírito ceifará a vida eterna" (Gálatas, 6:8). Assim, fica manifesta a necessidade da regeneração para herdar o reino dos céus.

22 DE SETEMBRO

"Porque a palavra da cruz é loucura para os que perecem; mas para nós, que somos salvos, é o poder de Deus." 1 Coríntios, 1:18

Deus mostrou sua soberania, quando Cristo veio, ao rejeitar os judeus e chamar os gentios. Rejeitou a nação dos filhos de Abraão segundo a carne, os quais tinham sido Seu povo por tantas eras, que possuía o único Deus verdadeiro, para escolher pagãos para serem seu povo. Quando veio o Messias, "Ele veio para o que era seu, mas os seus não o receberam" (João, 1:11). E agora Deus distingue grandemente algumas nações gentias de outras, e todas de acordo com seu prazer soberano. E Paulo diz: "Mas para os que são chamados, tanto judeus como gregos, lhes pregamos a Cristo, poder de Deus, e sabedoria de Deus" (1 Coríntios, 1:24).

23 DE SETEMBRO

"E provaram a boa palavra de Deus, e as virtudes do século futuro."
Hebreus, 6:5

A graça de Deus nos vincula à Sua aliança, e Ele pode fazer conosco o que quiser, mas podemos exigir a salvação desse Soberano através de Cristo. Que maravilhosa condescendência há em tal Ser, ao se tornar assim ligado a nós, vermes do pó, para nosso consolo. Ele se comprometeu com Sua palavra, Sua promessa. Fez um juramento (Hebreus, 6), para pôr fim a todos os conflitos, tornando-nos herdeiros, pois era impossível para Deus mentir. Assim, podemos ter um refúgio para nos apegarmos à esperança que temos Jesus, feito sumo sacerdote para sempre. É absolutamente necessário que nos submetamos a Deus, como soberano absoluto sobre nossas almas.

24 DE SETEMBRO

"O qual também nos selou e deu o penhor do Espírito em nossos corações." 2 Coríntios, 1:22

O princípio nos convertidos para a salvação, de onde fluem atos de graça, colocados em oposição à carne, é aquele segundo o qual, como dito nas Escrituras: "Vós não estais na carne, mas no Espírito, se é que o Espírito de Deus habita em vós. Se alguém não tem o Espírito de Cristo, esse tal não é d'Ele" (Romanos, 8: 9). Mas também [positivamente] que "aquele que guarda os seus mandamentos n'Ele está, e Ele nele. E nisto conhecemos que Ele está em nós, pelo Espírito que nos tem dado" (1 João, 3:24). O Espírito de Deus habitando em nossos corações é mencionado como um sinal certo de que temos direito ao céu, e é chamado de penhor da nossa herança futura (Efésios, 1:14).

25 DE SETEMBRO

"Ele nos tem dado grandíssimas e preciosas promessas, para que por elas fiqueis participantes da natureza divina, havendo escapado da corrupção, que pela concupiscência há no mundo." 2 Pedro, 1:4

Aqueles que são verdadeiros santos têm a natureza divina em seus corações, um privilégio peculiar. É evidente que é dos verdadeiros santos que o apóstolo está falando. As palavras nesse versículo "natureza divina" e a "corrupção" são evidentemente mencionadas como dois princípios opostos. Aqueles que estão no mundo, e que são do mundo, têm apenas o último princípio, mas ter a natureza divina é para aqueles que são separados do mundo pela graça de Deus, que os chamou para a glória e deu-lhes as grandes e preciosas promessas do Evangelho.

26 DE SETEMBRO

"Jesus Cristo é o mesmo, ontem, e hoje, e eternamente." Hebreus, 13:8

A exortação que o apóstolo deu aos hebreus no versículo anterior foi para que se lembrassem e seguissem as boas instruções de seus ministros. "Lembrai--vos dos vossos pastores, que vos falaram a palavra de Deus, a fé dos quais imitai, atentando para a sua maneira de viver". A última parte adverte para seguir a fé cristã e as doutrinas salutares que os pastores ensinam. Os que professam ser cristãos devem se apegar às mesmas doutrinas que lhes foram ensinadas em sua primeira conversão. Certamente, Cristo e o Cristianismo são imutáveis, e os seguidores de Jesus não devem ser levados por doutrinas estranhas, porque Cristo é o mesmo ontem, no presente, e até a eternidade.

27 DE SETEMBRO

"A grandeza do seu poder sobre nós, os que cremos, segundo a operação da força do seu poder, que manifestou em Cristo, ressuscitando-o dentre os mortos, e pondo-o à sua direita nos céus." Efésios, 1:19-20

A redenção é uma obra de graça. O poder de Deus é demonstrado ao trazer um pecador de seu estado inferior, das profundezas do pecado e da miséria, para um estado tão exaltado de santidade e felicidade. Dependemos do poder de Deus em cada passo da nossa redenção. É uma obra de criação: "Se alguém está em Cristo, é nova criatura" (2 Coríntios, 5:17). "Fomos criados em Cristo Jesus" (Efésios, 2:10). É uma ressurreição dos mortos, como diz Paulo, em Colossenses, 2:12: "Sepultados com Ele no batismo, n'Ele também ressuscitastes pela fé no poder de Deus".

28 DE SETEMBRO

"Mediante a fé estais guardados na virtude de Deus para a salvação, já prestes para se revelar no último tempo." 1 Pedro, 1:5

É pelo poder de Deus que somos preservados em estado de graça. É como a luz que vem do Sol durante todo o dia, desde o primeiro amanhecer. Dependemos do poder de Deus para continuar a obra da graça no coração, para subjugar o pecado e a corrupção, aumentar os princípios santos, e para sermos capazes de produzir frutos e boas obras, tornando a alma à semelhança de Cristo, em um estado aperfeiçoado e abençoado. Agora, a justiça da qual dependemos não está em nós mesmos, mas somos salvos pela justiça de Cristo, porque "nele fomos feitos justiça de Deus" (2 Coríntios, 5:21). Nossas bênçãos foram dadas por Deus.

29 DE SETEMBRO

"Para nós há um só Deus, o Pai, de quem é tudo e para quem nós vivemos; e um só Senhor, Jesus Cristo, pelo qual são todas as coisas, e nós por Ele." 1 Coríntios, 8:6

Os redimidos têm todo o seu bem em Deus, por meio do qual são levados à redenção. Deus é a herança dos santos, sua riqueza e tesouro, seu alimento, sua vida, sua morada, sua honra e glória eternas. Eles não têm ninguém no céu, senão Deus, por quem são recebidos na morte e que os ressuscitará no fim do mundo. O Senhor Deus é a luz da Jerusalém celestial, o "rio da água da vida", e "a árvore da vida que cresce, no meio do paraíso". Os redimidos têm excelência espiritual. Eles são santos por se tornarem participantes da santidade de Deus (Hebreus, 12:10). Os redimidos têm comunhão com Deus.

30 DE SETEMBRO

"Não sabeis que os injustos não hão de herdar o reino de Deus?" 1 Coríntios, 6:9

Uma verdade que pode ser bem aplicada para despertar aqueles que professam ser cristãos é terem certeza de que Cristo cumprirá as ameaças que fez contra os incrédulos. Ele ameaçou com desgraça este mundo perverso (Mateus, 18:7), e declarou que todos os que não creem serão condenados, quando enviou seus discípulos, antes de sua ascensão, para pregar e ensinar a todas as nações (Marcos, 16:15-16). E Jesus declarou ainda que toda árvore que não produzir bons frutos será cortada e lançada no fogo (Mateus, 7:19). Ele ameaçou especialmente aos pregadores do Evangelho, advertindo que eles "vêm vestidos como ovelhas, mas, interiormente, são lobos devoradores" (Mateus, 7:15). Por mais que falsos cristãos possam habitar entre os piedosos, como o joio cresce entre o trigo, quando a colheita chegar, e o trigo for recolhido no celeiro, o joio será recolhido em feixes e queimado (Mateus, 13:24,30). A respeito dos que lhe dizem: "Senhor, Senhor", mas não fazem a vontade de seu Pai que está nos céus, Ele professará que nunca os conheceu, e lhes dirá: "Apartai-vos de mim, vós que praticais a iniquidade" (Mateus, 7:21,23). Mas Jesus também contou outra parábola para demonstrar que seus seguidores precisam fundamentar sua fé, em Mateus, 7:24-25: "Todo aquele, pois, que escuta estas minhas palavras, e as pratica, assemelhá-lo-ei ao homem prudente, que edificou a sua casa sobre a rocha; e desceu a chuva, e correram rios, e assopraram ventos, e combateram aquela casa, e não caiu, porque estava edificada sobre a rocha".

É porque as pessoas são orgulhosas e se exaltam em seu coração que são vingativas e tendem a se exaltar e a fazer grandes coisas a partir de pequenas coisas que podem ser contra elas mesmas. Sim, elas até tratam como vícios coisas que em si mesmas são virtudes, quando pensam que sua honra foi tocada ou quando sua vontade foi contrariada. E é o orgulho que torna as pessoas tão irracionais e precipitadas em sua ira, e as eleva a um grau tão alto, e as mantém por tanto tempo, e muitas vezes as conserva em pecado. Se não buscassem os próprios interesses egoístas, mas sim a glória de Deus e o bem comum, então seu espírito seria muito mais estimulado pela causa de Deus do que pela própria, bem como essas pessoas não seriam propensas a uma ira precipitada, imprudente, irrefletida, imoderada e prolongada contra qualquer um que as tivesse ferido ou provocado, mas elas se esqueceriam de si mesmas em grande medida por causa de Deus e de seu zelo pela honra de Cristo. O fim que almejariam não seria engrandecer a si mesmas ou fazer a própria vontade, mas sim a glória de Deus e o bem de seus semelhantes.

1º DE OUTUBRO

"O amor nunca falha; mas havendo profecias, serão aniquiladas; havendo línguas, cessarão; havendo ciência, desaparecerá; porque, em parte, conhecemos, e em parte profetizamos; mas, quando vier o que é perfeito, então o que o é em parte será aniquilado."
1 Coríntios, 13:8-10

Do primeiro desses versículos, extrai-se a doutrina de que o grande fruto do Espírito, que o Espírito Santo eternamente transmitirá à igreja de Cristo, é a caridade ou o amor divino, que permanecerá quando todos os outros frutos do Espírito falharem. Isso acontecerá no estado perfeito da igreja, quando aquilo que é em parte for eliminado e o que é perfeito vier. O apóstolo tem apreço por ambos os estados da igreja, mas especialmente pelo último, o celestial, que se distingue por ser o que Deus designou para ser de perfeito amor, o fruto do Espírito mais glorioso de todos. O Deus do amor habita no céu, Sua morada por toda a eternidade, onde não há pessoas desagradáveis, não existem hipócritas, ninguém que finja ser santo, como é frequentemente o caso neste mundo.

Enquanto estamos aqui na Terra, podemos praticar o amor uns com os outros, sem algum defeito de temperamento, caráter ou conduta que prejudique o próximo. O amor dos santos deve ser sempre mútuo. O coração de Cristo, o grande Cabeça de todos os santos, é mais cheio de amor do que o coração de qualquer santo pode ser. Ele ama a todos muito mais do que qualquer um deles ama um ao outro. Mas quanto mais um santo é amado por Ele, mais esse santo é como Ele, mais cheio de amor é o seu coração.

2 DE OUTUBRO

"Não temais, ó pequeno rebanho, porque a vosso Pai agradou dar-vos o reino." Lucas, 12:32

Cristo é o único Mediador entre Deus e o ser humano. Ele é um Salvador eterno. Houve profetas que foram levantados, e outros os sucederam. Moisés deu lugar a Cristo, mas Cristo nunca dá lugar a nenhum outro. João Batista foi um grande profeta. Ele foi o precursor de Cristo, como a estrela da manhã, mas seu ministério cessou gradativamente e deu lugar ao ministério de Cristo. Mas o ministério de Cristo nunca cessa, Ele continua sacerdote perpétuo (Hebreus, 7:23-24). E, portanto, Ele habita em um tabernáculo que nunca será derrubado e em um templo que nunca será demolido. O Reino de Cristo é eterno, o seu trono é para todo o sempre (Hebreus 1:8).

3 DE OUTUBRO

"Aquele que diz que está na luz, e odeia a seu irmão, até agora está em trevas. Aquele que ama a seu irmão está na luz, e nele não há escândalo." 1 João, 2:9-10

No céu, os santos não terão dúvidas do amor um do outro nem medo de que as declarações sejam hipócritas, mas ficarão perfeitamente satisfeitos com a sinceridade e o carinho um do outro, como se houvesse uma janela em cada peito, para que tudo no coração pudesse ser visto. Cada um será exatamente o que parece ser e terá realmente todo o amor que aparenta ter. Não será como neste mundo, onde poucas coisas são o que parecem ser, e onde as declarações são muitas vezes feitas levianamente e sem sentido. Naquela sociedade abençoada do céu, toda expressão de amor virá do fundo do coração.

4 DE OUTUBRO

"E o seu senhor lhe disse: Bem está, servo bom e fiel; entra no gozo do teu senhor." Mateus, 25:21

Quão felizes são aqueles que têm direito ao céu. Existem algumas pessoas que vivem na Terra, a quem a felicidade do mundo celestial pertence muito mais do que a propriedade terrena de qualquer pessoa. Eles têm uma parte e um interesse naquele mundo de amor, e têm o devido direito e título a ele, pois fazem parte daqueles sobre quem está escrito: "Bem-aventurados aqueles que guardam os seus mandamentos, para que tenham direito à árvore da vida, e possam entrar na cidade pelas portas" (Apocalipse, 22:14). Certamente, eles são pessoas felizes por terem direito a em breve entrar na posse eterna de suas alegrias.

5 DE OUTUBRO

"O homem natural não compreende as coisas do Espírito de Deus, porque lhe parecem loucura; e não pode entendê-las." 1 Coríntios, 2:14

Aqueles que não têm salvação em Cristo não têm o senso das coisas espirituais ou do Espírito, da divina verdade, que um verdadeiro santo tem. O "homem natural" é aqui colocado em oposição ao espiritual, ou aquele que tem o Espírito, como mostrados na mesma epístola de Paulo. Os que não têm o Espírito de Cristo são destituídos de qualquer percepção das coisas espirituais, as unções mencionadas em I João, 2.27. O mundo não está familiarizado com o Espírito da verdade, como aparece em João, 14:17, porque "o mundo não o conhece". Jesus disse que para os salvos o Pai dará o Consolador, para que fique conosco para sempre.

6 DE OUTUBRO

"Os quais não nasceram do sangue, nem da vontade da carne, nem da vontade do homem, mas de Deus." João, 1:13

As pessoas que têm direito ao céu são as que têm a semente do mesmo amor que reina naquele mundo de amor implantada em seus corações. Elas são aquelas que tiveram um novo nascimento, ou que nasceram do Espírito. Uma obra gloriosa do Espírito de Deus foi realizada em seus corações, renovando-os, trazendo do céu um pouco da luz e um pouco da chama santa e pura. Seus corações são o solo no qual a semente celestial foi semeada e onde ela brotou. E assim seus corações foram atraídos para Cristo, e por causa d'Ele fluem com amor para os demais santos. "Nascendo de novo, não de semente corruptível, mas de incorruptível" (1 Pedro, 1:23).

7 DE OUTUBRO

"Fiel é Deus, pelo qual fostes chamados para a comunhão de seu Filho Jesus Cristo nosso Senhor." 1 Coríntios, 1:9

É evidente que pessoas sem comunhão com Cristo não têm aquela graça que os verdadeiros santos têm. Se aqueles que não são verdadeiros santos participassem de algumas das inclinações santas e dos atos graciosos da alma que os piedosos têm em razão de sua união com Deus, então eles teriam comunhão com Cristo. A comunhão dos santos com Cristo consiste no recebimento de Sua plenitude e participação em Sua graça, mencionada em João, 1:16: "Todos nós recebemos da sua plenitude, e graça por graça". É a comunhão dita por Paulo: "A graça do Senhor Jesus Cristo, e o amor de Deus, e a comunhão do Espírito Santo seja com todos vós" (2 Coríntios, 13:14).

8 DE OUTUBRO

"Qualquer que guarda a sua palavra, o amor de Deus está nele verdadeiramente aperfeiçoado." 1 João, 2:5

As Escrituras são muito claras sobre aqueles que estão em Cristo viverem realmente em um estado de salvação, justificados, santificados, aceitos por Cristo. "Se alguém está em Cristo, nova criatura é" (2 Coríntios, 5:17). Somente os verdadeiros santos têm comunhão com Cristo, como lemos em 1 João, 1:6-7, quando o apóstolo diz que nossa comunhão é com o Pai e com seu Filho Jesus Cristo. E João diz ainda que: "Quem é nascido de Deus não comete pecado; porque a sua semente permanece nele; e ele não pode pecar, porque é nascido de Deus" (1 João, 3:9). A palavra de Deus habita no coração dos regenerados como uma semente santa, como um grão de mostarda.

9 DE OUTUBRO

"Se alguém disser: Amo a Deus, e odeia a seu irmão, é mentiroso." 1 João, 4:20

Todas as graças andam juntas. Assim, onde há fé, há amor, esperança e humildade; e onde há amor, também há confiança; e onde há uma santa confiança em Deus, há amor a Deus; e onde há uma graciosa esperança, há também um santo temor de Deus, pois "O Senhor se agrada dos que o temem e dos que esperam na sua misericórdia" (Salmos, 147:11). Onde há amor a Deus, há um amor gracioso às pessoas; e onde há amor cristão pelo próximo, há amor por Deus. Portanto, descobrimos que o apóstolo João fala do amor a Deus como um sinal de amor aos irmãos, dizendo: "Nisto conhecemos que amamos os filhos de Deus: quando amamos a Deus e guardamos os seus mandamentos" (1 João, 5:2).

10 DE OUTUBRO

"A promessa vos diz respeito a vós, [...] a tantos quantos Deus nosso Senhor chamar." Atos, 2:39

As Escrituras nomeiam a obra de conversão de "chamado", como lemos em Romanos, 8: 28,30. "E sabemos que todas as coisas contribuem juntamente para o bem daqueles que amam a Deus, daqueles que são chamados segundo o seu propósito. Porque os que dantes conheceu também os predestinou [...]. E aos que predestinou a estes também chamou; e aos que chamou a estes também justificou; e aos que justificou a estes também glorificou". Paulo diz que os chamados recebem a promessa da herança eterna (Hebreus, 9:15). Nada pode ser mais facilmente entendido por chamado do que o que Cristo fez, quando chamou Seus discípulos, e eles deixaram tudo e O seguiram.

11 DE OUTUBRO

"Vem a hora, e agora é, em que os mortos ouvirão a voz do Filho de Deus, e os que a ouvirem viverão." João, 5:25

Quase todos os milagres que Cristo operou quando esteve na Terra foram tipos de conversão de pecadores. Quando Ele curou o leproso, o que representava Sua cura de nossa lepra espiritual, Ele estendeu a mão, tocou-o e disse: "Eu quero; sê limpo". E imediatamente sua lepra foi limpa (Mateus, 8:3; Marcos, 1:42; Lucas, 5:13), e eles o seguiram (Marcos, 10:52; Lucas, 18:43). Ele curou os enfermos, o que representa a Sua cura de nossas doenças espirituais, ou conversão, como quando Ele curou a mãe da esposa de Simão (Marcos, 1:31). Essas e muitas outras representam a ação na alma pela qual Ele dá um coração reto e a liberta para sempre.

12 DE OUTUBRO

"Qualquer que guardar toda a lei, e tropeçar em um só ponto, tornou-se culpado de todos." Tiago, 2:10

Não há uma conversão da alma à fé, e outra conversão ao amor a Deus, e outra à humildade, e outra ao arrependimento, e ainda outra ao amor ao próximo, mas todos os frutos do Espírito são produzidos por uma mesma obra de Deus, e são o resultado de uma única e mesma conversão ou mudança de coração. Todas as graças estão unidas e ligadas entre si, contidas naquela única e mesma nova natureza que nos é dada na regeneração. Portanto, os que tem verdadeiro respeito por um dos mandamentos de Deus devem ter respeito por todos, porque todos são estabelecidos pela mesma autoridade. Todos os cristãos têm o conhecimento do regramento de Deus.

13 DE OUTUBRO

"Somos transformados de glória em glória na mesma imagem, como pelo Espírito do Senhor." 2 Coríntios, 3:18

Um verdadeiro convertido tem todos os princípios sagrados, mesmo fracos, como as faculdades de uma criança pequena, mas estão todos presentes e serão vistos fluindo em todo tipo de sentimento e comportamento santo para com Deus e o próximo. Em todo verdadeiro convertido há tantas graças quanto havia no próprio Jesus Cristo, como o evangelista João diz: "O Verbo se fez carne e habitou entre nós" (João, 1:14). Os verdadeiros convertidos são renovados à imagem de Cristo, como diz o apóstolo: "Já vos despistes do velho homem, e vos vestistes do novo, que se renova para o conhecimento, segundo a imagem d'Aquele que o criou" (Colossenses, 3:9-10).

14 DE OUTUBRO

"A esperança não traz confusão, porquanto o amor de Deus está derramado em nossos corações pelo Espírito Santo que nos foi dado." Romanos, 5:5

As pessoas devem examinar-se quanto ao que nelas parece ser a graça da esperança. Devem perguntar se a sua esperança está acompanhada da fé, e se surge da fé em Jesus. A verdadeira esperança nos leva a ver nossa indignidade, os pecados, e o que surge disso é humildade. Mas uma falsa esperança costuma elevar seu possuidor a uma presunção da própria justiça. Devemos verificar se a nossa esperança é acompanhada de obediência, de abnegação, porque a verdadeira esperança vem acompanhada dessas outras graças, ao passo que a falsa esperança não envolve o coração na obediência nem mortifica os apetites carnais.

15 DE OUTUBRO

"Todas as vossas obras sejam feitas com amor." 1 Coríntios, 16:14

É comum falarmos de várias graças do Espírito de Deus como se fossem tantos princípios diversos de santidade, e chamá-los por nomes diferentes, tais como arrependimento, humildade, resignação, gratidão etc. Todos eles vêm da mesma fonte, apenas com denominações diferentes de acordo com as distintas ocasiões, maneiras e circunstâncias de seu exercício. Existe um princípio sagrado no coração que é a essência e a soma de toda a graça, no qual todas as virtudes cristãs são cumpridas, o princípio do amor divino, a soma de todos os deveres do coração, pois tudo o que Deus exige de nós é cumprido no amor. Portanto, sem dúvida, toda graça pode ser resumida no amor.

16 DE OUTUBRO

"O amor [...] Não folga com a injustiça, mas folga com a verdade."
1 Coríntios, 13:6

Após ter mencionado nos dois versículos anteriores muitos dos frutos da caridade, e mostrado como o amor nos leva a ter um comportamento excelente, o apóstolo resume as boas tendências do amor, no que diz respeito à conduta, dizendo que se alegra com a verdade. É como se ele tivesse dito: "Mencionei muitas coisas excelentes que o amor nos leva a fazer". O termo "injustiça" significa tudo o que é pecaminoso no comportamento, e a palavra "verdade", tudo o que está incluído na prática cristã. O apóstolo João diz: "Regozijei-me muito quando os irmãos vieram e deram testemunho da verdade que há em ti, assim como tu andas na verdade" (3 João, 1:3).

17 DE OUTUBRO

"Andai como filhos da luz, porque o fruto do Espírito está em toda a bondade, e justiça e verdade." Efésios, 5:8-9

A prática de boas obras é o objetivo da eleição eterna, que é a primeira base para a concessão de toda graça verdadeira. A conduta santa não é a razão da eleição, como supõem os que imaginam que Deus elege as pessoas para a vida eterna com base na previsão de suas boas obras, mas é o objetivo e a finalidade da eleição. Deus ordenou que nossa conduta fosse de boas obras, como diz o apóstolo: "Porque somos feitura d'Ele, criados em Cristo Jesus para boas obras, as quais Deus antes ordenou que andássemos nelas" (Efésios, 2:10). E é dito que os eleitos são escolhidos para serem santos: "Ele nos escolheu [...] para que fôssemos santos e irrepreensíveis diante d'Ele em amor" (Efésios, 1:4).

18 DE OUTUBRO

"Santificai-vos, e sede santos." Levítico, 20:7

A redenção feita por Cristo é o fundamento da concessão da graça. Pelos seus méritos, nas coisas que fez e sofreu no mundo, adquiriu graça e santidade para seu povo. "Por amor deles", diz Jesus, "Eu me santifico para que eles também sejam santificados através da verdade" (João, 17:19). E Cristo redimiu os eleitos a fim de que pudessem andar em práticas santas. Ele os reconciliou com Deus por meio de sua morte, para salvá-los das obras más, para que pudessem ser irrepreensíveis em suas vidas, como diz o apóstolo: "A vós também, que noutro tempo éreis estranhos, e inimigos no entendimento pelas vossas obras más, agora contudo vos reconciliou [...] para perante Ele vos apresentar santos" (Colossenses, 1:21-22).

19 DE OUTUBRO

"Disse o néscio no seu coração: Não há Deus." Salmos, 14:1

Quem conhece a Deus obedece Seus mandamentos. Faraó não viu por que deveria obedecer a Deus, e disse: "Quem é o Senhor, para que eu ouça a sua voz? Não conheço o Senhor, nem deixarei ir Israel" (Êxodo 5:2). Essa é a razão pela qual algumas pessoas se comportam de forma tão perversa, como diz o salmista: "Não têm conhecimento todos os que praticam a iniquidade" (Salmos, 14:4). O apóstolo João diz que conhecer a Deus é cumprir os mandamentos de Cristo, ao mesmo tempo que afirma: "Aquele que diz: eu conheço-o, e não guarda os seus mandamentos, é mentiroso" (1 João, 2:3-4). "O homem sensato tem um espírito excelente" (Provérbios, 17:27), que leva a um comportamento correspondente.

20 DE OUTUBRO

"A fé é a certeza daquilo que esperamos e a prova das coisas que não vemos." Hebreus, 11:1

A verdadeira graça cristã é um princípio de vida extremamente poderoso. Lemos sobre "o poder da piedade", em 2 Timóteo, 3:5, e somos ensinados que há nele um poder divino, tal como foi operado em Cristo quando ressuscitou dos mortos. Uma fé verdadeira no Senhor Jesus Cristo distingue a fé que salva daquela que é apenas comum. Uma fé verdadeira é uma fé que funciona, ao passo que uma fé falsa é inoperante. Paulo descreve a fé salvadora como uma "fé que opera pelo amor" (Gálatas, 5:6). E o apóstolo Tiago nos diz: "Alguém poderá dizer: Tu tens fé, e eu tenho obras; mostra-me a tua fé sem as tuas obras, e eu te mostrarei a minha fé pelas minhas obras" (Tiago 2:18).

21 DE OUTUBRO

"A fé vem por ouvir a palavra de Deus." Romanos, 10:17

Aquele que está convencido da realidade das grandes coisas da religião é influenciado por elas, e elas orientarão seu comportamento. Quando alguém ouve notícias importantes que lhe dizem respeito, mas não altera em nada sua conduta, é porque não dá atenção a isso como verdadeiro, pois a natureza humana é governar as ações pelo que acreditamos. Pessoas realmente convencidas da verdade do Evangelho, sobre a salvação eterna que Cristo dá a todos os que a aceitarem, creem nas promessas e as julgam mais valiosas do que todas as riquezas do mundo, por isso abandonam as coisas terrenas, e passam a seguir a Cristo e, assim, alcançam o fim da fé, a salvação das suas almas (1 Pedro, 1:9).

22 DE OUTUBRO

"Buscai primeiro o reino de Deus, e a sua justiça, e todas estas coisas vos serão acrescentadas." Mateus, 6:33

Existem várias maneiras de exercer o amor sincero a Deus, e todas elas tendem à prática santa. Uma delas é ter alta estima por Deus, pois naturalmente demonstramos essa estima em nosso comportamento. Aquele que real e sinceramente se deleita mais em Deus do que em outras coisas, e encontra sua satisfação em Deus, não O abandonará por nada, e assim, por sua conduta, Ele mostra que realmente está satisfeito. E assim é em todos os casos. Se tivermos prazer em qualquer posse e, depois, a abandonarmos por outra coisa, isso é uma evidência de que não estávamos totalmente satisfeitos com ela e que não a desejávamos acima de todas as outras coisas.

23 DE OUTUBRO

"O temor do Senhor é o princípio da sabedoria." Provérbios, 9:10

O principal significado nas Escrituras pelo temor de Deus é o medo de O ofendermos pecando contra Ele. Temer a Deus é observar o cumprimento de todos os Seus mandamentos, cumprir todas as palavras da lei (Deuteronômio, 28:58). José deu como razão de sua conduta justa e misericordiosa para com seus irmãos, que ele temia a Deus (Gênesis, 42:18). Jó apresentou a razão pela qual evitou o pecado: que "a destruição de Deus foi um terror para ele" (Jó, 31:23). A gratidão sincera a Deus nos leva a retribuir com ações de amor, como diz o apóstolo, "em ação e em verdade" (1 João, 3:18). Paulo diz: "O amor não faz mal ao próximo: portanto o amor é o cumprimento da lei" (Romanos, 13:10).

24 DE OUTUBRO

"O homem é justificado pelas obras, e não somente pela fé."
Tiago, 2:24

A prática cristã e as boas obras são abundantemente vistas nas Escrituras como evidência de sinceridade da graça. Cristo nos deu como regra que devemos julgar as pessoas pelos seus frutos (Mateus, 7:16-20), e de maneira muito enfática disse que quem guarda Seus mandamentos O ama verdadeiramente (João, 14:21). Paulo insistiu nesse ponto ao declarar: "Os que são de Cristo crucificaram a carne, com as afeições e concupiscências" (Gálatas, 5:24). Deus deseja que tenhamos certeza de que as boas obras são a única evidência satisfatória de realmente possuirmos graça na alma. É pela nossa prática que Deus nos julga aqui na Terra, bem como nos julgará no último dia.

25 DE OUTUBRO

"Não acrediteis em todos os espíritos, mas provai se os espíritos são de Deus; porque muitos falsos profetas têm saído pelo mundo." 1 João, 4:1

Assim como abundam as influências do verdadeiro Espírito, também abundam as falsificações. O apóstolo João deixa claro quem tem o verdadeiro Espírito: "Nisto são manifestos os filhos de Deus, e os filhos do diabo. Qualquer que não pratica a justiça, e não ama a seu irmão, não é de Deus" (1 João, 3:10). Para distinguir a vinda de Cristo da vinda de falsos cristos, a Bíblia diz que Jesus virá como um relâmpago no céu (Lucas, 17:24). E João esclarece: "Qualquer que confessar que Jesus é o Filho de Deus, Deus está nele, e ele em Deus. [...] Deus é amor; e quem está em amor está em Deus, e Deus nele" (1 João, 4:15-16).

26 DE OUTUBRO

"Qualquer que me confessar diante dos homens, eu o confessarei diante de meu Pai, que está nos céus." Mateus, 10:32

A palavra "confessar", frequentemente usada no Novo Testamento, significa estabelecer e confirmar algo pelo testemunho, e declará-lo com manifestação de afeição. Paulo diz: "Toda a língua confesse que Jesus Cristo é o Senhor, para glória de Deus Pai" Filipenses, 2:11). E o apóstolo João diz: "Todo aquele que crê que Jesus é o Cristo, é nascido de Deus; e todo aquele que ama ao que o gerou também ama ao que d'Ele é nascido" (1 João, 5:1). E Paulo, explicando aos romanos sobre a salvação, diz que "Se com a tua boca confessares ao Senhor Jesus, e em teu coração creres que Deus o ressuscitou dentre os mortos, serás salvo" (Romanos, 10:9).

27 DE OUTUBRO

"Humilhai-vos, pois, debaixo da potente mão de Deus, para que a seu tempo vos exalte." 1 Pedro, 5:6

Há um amor falso, que muitas vezes aparece entre aqueles que são guiados por um espírito de ilusão. É comum que haja nos entusiastas mais desvairados uma espécie de união e afeição, decorrentes do amor próprio. Mas isso é completamente diferente do amor cristão, que surge da graça de Deus por nós, em Cristo, no qual brilha a virtude da humildade que aniquila o que chamamos de ego. É um amor humilde (1 Coríntios, 13:4-5). O amor mostrado por Jesus não foi apenas para os amigos, mas também para os inimigos, acompanhado de um espírito manso e humilde. "Aprendam de mim", diz Ele, "porque sou manso e humilde de coração" (Mateus, 11:29).

28 DE OUTUBRO

"O temor do Senhor é a instrução da sabedoria, e precedendo a honra vai a humildade." Provérbios, 15:33

O apóstolo Paulo exortou Tito a manter um cuidado estrito e a zelar por si mesmo, tanto em sua pregação quanto em seu comportamento: "Em tudo te dá por exemplo de boas obras; na doutrina mostra [...] linguagem sã e irrepreensível, para que o adversário se envergonhe, não tendo nenhum mal que dizer de nós" (Tito, 2:7-8). Seja sábio como as serpentes e inofensivo como as pombas. Vigie e ore, pois há um leão que ruge. Humildade e autoconfiança, e total dependência de Jesus, serão a melhor defesa. O orgulho é a pior víbora do coração, e nada é tão odioso para Deus, contrário ao espírito do Evangelho, como o primeiro pecado que entrou no Universo.

29 DE OUTUBRO

"Nada julgueis antes de tempo, até que o Senhor venha, o qual também trará à luz as coisas ocultas das trevas, e manifestará os desígnios dos corações; e então cada um receberá de Deus o louvor."
1 Coríntios, 4:5

Qualquer tipo de julgamento para distinguir os hipócritas dos verdadeiros santos, ou para separar as ovelhas das cabras, ocorrerá no dia do julgamento. Erram os que assumem a responsabilidade de determinar quem é sincero e quem não é, distinguir os verdadeiros santos dos hipócritas, separar ovelhas das cabras, recolher o joio do meio do trigo. O Senhor pede para tomar cuidado ao colher o joio, porque pode-se arrancar também o trigo com ele. Deixe que cresçam juntos até a colheita, quando será feita uma separação completa (Mateus, 13:28,30).

30 DE OUTUBRO

"Suportamos tudo, para não pormos impedimento algum ao evangelho de Cristo." 1 Coríntios, 9:12

É importante que os que zelam pela obra de Deus evitem administrar a controvérsia com os opositores insistindo na exposição pública em meio a qualquer perseguição, mesmo que seja muito ofensiva. Convém aos cristãos serem como cordeiros, incapazes de reclamar quando são feridos, a exemplo do nosso querido Redentor. Os ministros zelosos de Deus devem se conduzir segundo a orientação do apóstolo Paulo, quando diz que "ao servo do Senhor não convém contender, mas sim, ser manso para com todos, apto para ensinar, sofredor; instruindo com mansidão os que resistem, a ver se porventura Deus lhes dará arrependimento para conhecerem a verdade" (2 Timóteo, 2:24,26).

31 DE OUTUBRO

"Seguindo a verdade em amor, cresçamos em tudo n'Aquele que é a cabeça, Cristo." Efésios, 4:15

Aqueles que amam a Cristo e desejam promover o Seu reino devem se ater à regra de prudência que Paulo ensinou: "Tende cuidado, para que ninguém vos faça presa sua, por meio de filosofias e vãs sutilezas, segundo a tradição dos homens, segundo os rudimentos do mundo, e não segundo Cristo" (Colossenses, 2:8). Embora possamos nos limitar demais a um determinado método na gestão dos assuntos religiosos, tudo o que tem a aparência de uma grande inovação tende a suscitar a oposição de alguns, desviar a mente de outros e deixar muitos com dúvidas. Portanto, o que estiver muito além da prática comum, a menos que tenha considerável importância, é melhor ser evitado.

Quando olharem para o futuro, verão diante de vocês a eternidade, uma duração sem limites, que engolirá seus pensamentos e surpreenderá sua alma, e vocês saberão, com certeza, que tudo não passa de um ponto para o que resta. A Palavra de Deus deixa bem claro que Ele frequentemente prova a fé e a paciência de Seu povo, quando clama a Ele por alguma grande e importante misericórdia. No entanto, Ele, sem falta, finalmente as concede que continuam a orar com perseverança e não os deixará ir sem que Ele os abençoe. As bençãos espirituais resultam na prática cristã. O primeiro e grande trabalho de um cristão diz respeito ao seu coração. Não se contente em parecer fazer o bem, mas deixe que seu coração esteja repleto de caridade, de modo a sempre desejar cumprir com os deveres maiores de um cristão.

1º DE NOVEMBRO

"Àquele que não pratica, mas crê n'Aquele que justifica o ímpio, a sua fé lhe é imputada como justiça." Romanos, 4:5

Somos justificados somente pela fé em Cristo, e não por qualquer tipo de bondade própria. E isso é evidente porque Deus, no ato da justificação, não tem consideração por nada na pessoa justificada, como a piedade ou qualquer bondade nela, mas a vê apenas como uma criatura ímpia. Nesse versículo fica evidente que a graça do Evangelho consiste na recompensa ser dada sem obras. Crer em Deus como justificador certamente é algo diferente de submeter-se a Deus como legislador, especialmente acreditar n'Ele como justificador dos ímpios.

O sujeito da justificação é considerado destituído de qualquer justiça em si mesmo, mas por essa expressão ela é imputada a ele como justiça. O apóstolo explica que Deus, de sua graça soberana, está satisfeito em seu trato com o pecador, de modo a considerar alguém que não tem justiça, que a consequência será a mesma como se Ele tivesse por causa de sua fé por algo que é realmente justo. E isso é ainda mais evidente pelas palavras que se seguem: "Assim também Davi declara bem-aventurado o homem a quem Deus imputa a justiça sem as obras, dizendo: Bem-aventurados aqueles cujas maldades são perdoadas, e cujos pecados são cobertos. Bem-aventurado o homem a quem o Senhor não imputa o pecado" (Romanos, 4:6,8). Uma pessoa será justificada pela fé em Deus, ficando livre da culpa do pecado e de seu merecido castigo, e terá direito à vida eterna, de acordo com as Escrituras.

2 DE NOVEMBRO

"E é evidente que pela lei ninguém será justificado diante de Deus, porque o justo viverá pela fé." Gálatas, 3:11

A salvação ocorre somente pela fé, sem qualquer tipo de virtude ou bondade própria. Para alguns, isso pode ter uma dificuldade de compreensão, quando a própria fé é uma virtude, uma qualificação, uma parte principal da santidade de um cristão. Quando se diz que não somos justificados por nenhuma justiça ou bondade própria, quer dizer que não é por respeito a quaisquer qualificações em nós que Deus julga ser adequado receber a salvação de Cristo. Não é por causa de qualquer excelência, porque aquele que crê recebe o benefício de Cristo puramente por causa da fé e de como ela se une a esse Mediador por quem somos justificados.

3 DE NOVEMBRO

"Em quem temos a redenção pelo seu sangue, a remissão das ofensas, segundo as riquezas da sua graça." Efésios, 1:7

A relação ou união com Cristo, pela qual se diz que os cristãos estão em Cristo, é a base do seu direito ao benefício de ser salvo. É evidente nas Escrituras, 1 João, 5:12: "Quem tem o Filho tem a vida; e quem não tem o Filho não tem a vida". E Paulo diz: "vós sois d'Ele, em Jesus Cristo, o qual para nós foi feito por Deus sabedoria, e justiça, e santificação, e redenção" (1 Coríntios, 1:30). A união dos membros do corpo com a cabeça é a base para participar da união dos ramos ao tronco, que é a base para participar da seiva e da vida do tronco. É a relação da esposa com o marido, considerados, em vários aspectos, como um só pela lei.

4 DE NOVEMBRO

"Porque os montes se retirarão, e os outeiros serão abalados; porém a minha benignidade não se apartará de ti, e a aliança da minha paz não mudará, diz o Senhor que se compadece de ti." Isaías, 54:10

A igreja tem apenas um pastor: "Haverá um só rebanho e um só pastor" (João, 10:16). Cristo é o verdadeiro marido da igreja, com quem as almas dos santos estão unidas em um só espírito, a quem se entregaram em um convênio eterno, e a quem amam, honram, obedecem e confiam, e a quem seguem aonde quer que Ele vá. A união entre Cristo e sua igreja nunca será dissolvida, mas durará por toda a eternidade. Há infinitamente mais a ser encontrado nessa união entre Cristo e sua igreja do que jamais foi encontrado entre o casal mais feliz em uma relação conjugal.

5 DE NOVEMBRO

"Eis que estou à porta, e bato; se alguém ouvir a minha voz, e abrir a porta, entrarei em sua casa, e com ele cearei, e ele comigo." Apocalipse, 3:20

Aquilo pelo qual a alma, que antes estava separada e alienada de Cristo, se une a Ele, é mostrado nas Escrituras, em João, 6:35,39: "Aquele que vem a mim nunca terá fome; e quem crê em mim nunca terá sede. Mas eu vos disse que também vós me vistes e não crestes. Tudo o que o Pai me dá virá a mim; e o que vem a mim de maneira nenhuma o lançarei fora. Porque desci do céu não para fazer a minha vontade, mas a vontade d'Aquele que me enviou". A expressão de receber a Cristo significa a fé é pela qual aqueles que antes estavam separados e distantes passam a ter uma relação de proximidade, recebem a salvação.

6 DE NOVEMBRO

"Porque todos sois filhos de Deus pela fé em Cristo Jesus."
Gálatas, 3:26

Deus dá àqueles que creem uma recompensa pela fé. Ele acha adequado que, para uma união ser estabelecida entre dois seres, de modo que sejam considerados um, haja o ato mútuo de ambos, para que cada um receba o outro. Deus, ao exigir isso para uma união com Cristo, trata Suas criaturas como capazes de escolher. É pela fé que temos direito à vida eterna, porque é pela fé que temos o Filho de Deus, por quem vem a vida. O apóstolo João dizer que "aquele que tem o Filho tem a vida" (1 João, 5:12), torna compreensível a frase de Cristo: "Deus amou o mundo de tal maneira que deu o seu Filho unigênito, para que todo aquele que n'Ele crê não pereça, mas tenha a vida eterna" (João, 3:16).

7 DE NOVEMBRO

"Deus disse: Neles habitarei, e entre eles andarei; e eu serei o seu Deus e eles serão o meu povo." 2 Coríntios, 6:16

A alegria mútua de Cristo e da sua igreja é semelhante à do noivo e da noiva se regozijando um com o outro. Quantas vezes os santos de Deus são chamados de eleitos ou escolhidos! Jesus disse: "Tenho-vos chamado amigos, porque tudo quanto ouvi de meu Pai vos tenho feito conhecer" (João, 15:15). Assim como o noivo escolhe a noiva acima de todos as outras pessoas no mundo, Cristo escolheu Sua igreja acima do resto da humanidade, como está escrito: "Porque és povo santo ao Senhor teu Deus; e o Senhor te escolheu, de todos os povos que há sobre a face da terra, para lhe seres o seu próprio povo" (Deuteronômio, 14:2).

8 DE NOVEMBRO

"Segundo a sua vontade, Ele nos gerou pela palavra da verdade, para que fôssemos como primícias das suas criaturas." Tiago, 1:18

Não há nada no céu ou na Terra, entre todas as criaturas, que seja daquela maneira elevada e excelente como a igreja é chamada por Deus, como em Apocalipse, 14:4, "as primícias para Deus e para o Cordeiro". Assim como o primeiro fruto da colheita pertencia a Deus e deveria ser oferecida a Ele, os santos são as primícias de Suas criaturas, aquela parte peculiar, acima de todo o resto da criação: "E exultarei em Jerusalém, e me alegrarei no meu povo" (Isaías, 65:19). É por isso que tantas vezes é afirmado, em uma linguagem da exultação, que: "Meu amado é meu e eu sou dele". (Cânticos, 2:16; 6:3; e 7:10).

9 DE NOVEMBRO

"O Senhor teu Deus, o poderoso, está no meio de ti, Ele salvará." Sofonias, 3:17

A igreja, com seu amor a Cristo, regozija-se com alegria indescritível por Ele, como registrado em 1 Pedro, 1:7-8, "Ao qual, não o havendo visto, amais; no qual, não o vendo agora, mas crendo, vos alegrais com gozo inefável e glorioso; alcançando o fim da vossa fé, a salvação das vossas almas". Os crentes se consolam à luz da glória da justiça, e dizem uns aos outros, como em Isaías, 2:5: "Ó casa de Jacó, vinde, andemos na luz do Senhor". As perfeições e virtudes de Cristo são como um perfume para a igreja, "como o unguento derramado é o teu nome" (Cânticos, 1:3). As palavras de Cristo para Sua igreja são muito doces, por isso, ela diz: "Sua boca é muitíssimo doce" (Cânticos, 5:16).

10 DE NOVEMBRO

"Grandes coisas fez o Senhor por nós, pelas quais estamos alegres." Salmos, 126:3

Quando o bom pastor encontra sua ovelha perdida, ele a traz para casa regozijando-se, reúne seus amigos e vizinhos, dizendo: "Alegrem-se comigo". O dia da conversão de um pecador é o dia do casamento com Cristo e, portanto, dia de muita alegria. Deus livra seu povo eleito do cativeiro e enche sua boca de riso e sua língua de canto, como lemos em Salmos, 126.

A comunhão dos santos com Cristo atingirá sua perfeição na glorificação no céu, o momento que os santos se casam com o noivo, como registrado na parábola das dez virgens que, tomando as suas lâmpadas, saíram ao encontro do esposo (Mat. 25:1,13).

11 DE NOVEMBRO

"E todos os dias acrescentava o Senhor à igreja aqueles que se haviam de salvar." Atos, 2:47

Aqueles a quem Cristo amou, e por quem se entregou, para que pudesse santificá-los e purificá-los, como na lavagem da água pela palavra, serão apresentados a Ele em glória, sem mancha nem ruga. E não haverá mais distância ou ausência. Ele refrescará seus corações como quando o Espírito de Deus foi derramado tão maravilhosamente sobre a cidade de Samaria, registrado pelo apóstolo Filipe: "Houve grande alegria naquela cidade" (Atos, 8:8). Pentecostes foi um tempo de regozijo, como um dia de casamento para a igreja de Cristo, "permanecendo todos os dias, unânimes, no templo, e partindo o pão de casa em casa, comiam juntos com alegria e singeleza de coração" (Atos 2:46).

12 DE NOVEMBRO

"Bem-aventurados aqueles que são chamados à ceia das bodas do Cordeiro." Apocalipse, 19:9

Estamos nos aproximando do grande derramamento do Espírito de Deus nos últimos dias, tantas vezes predito nas Escrituras, representado como o casamento do Cordeiro. É o tempo profetizado em Isaías, 65:19 "E exultarei em Jerusalém, e me alegrarei no meu povo; e nunca mais se ouvirá nela voz de choro nem voz de clamor". Esse é o tempo mencionado em Apocalipse, 19:6-7, que o apóstolo João nos diz que "ouviu como se fosse a voz de uma grande multidão, e como a voz de muitas águas, e como que a voz de trovões, dizendo: Aleluia, porque o Senhor Deus Todo-Poderoso reina. Regozijemo-nos, e alegremo-nos, e demos-lhe glória; porque vindas são as bodas do Cordeiro, e já a sua esposa se aprontou".

13 DE NOVEMBRO

"Porque se nós, sendo inimigos, fomos reconciliados com Deus pela morte de seu Filho, muito mais, tendo sido já reconciliados, seremos salvos pela sua vida." Romanos, 5:10

A fé é a qualificação em qualquer pessoa que a torna adequada aos olhos de Deus para que ela seja considerada salva pela justiça de Cristo. A razão disso é clara: os méritos e benefícios de Cristo pertencentes a nós decorre de estarmos unidos a Ele. E é certamente isso que o apóstolo Paulo quer dizer, quando insiste tanto nisso, que não somos justificados pelas obras, em Romanos, 11:6, "Mas se é por graça, já não é pelas obras; de outra maneira, a graça já não é graça. Se, porém, é pelas obras, já não é mais graça; de outra maneira a obra já não é obra".

14 DE NOVEMBRO

"Nos salvou, e chamou com uma santa vocação; não segundo as nossas obras, mas segundo o seu próprio propósito e graça que nos foi dada em Cristo Jesus." 2 Timóteo, 1:9

O apóstolo Paulo diz, em Romanos, 3:23-24, que "todos pecaram e destituídos estão da glória de Deus". Mas, somos "justificados pela sua graça, pela redenção que há em Cristo Jesus". Quando diz que não somos justificados pelas obras, exclui toda nossa virtude ou bondade, esclarecendo, nos versículos 25 a 26, que: "Deus propôs para propiciação pela fé no seu sangue, para demonstrar a sua justiça pela remissão dos pecados dantes cometidos, sob a paciência de Deus, para demonstração da sua justiça neste tempo presente, para que Ele seja justo e justificador daquele que tem fé em Jesus".

15 DE NOVEMBRO

"Pregues a palavra, instes a tempo e fora de tempo, redarguas, repreendas, exortes, com toda a longanimidade e doutrina." 2 Timóteo, 4:2

Ministros devem cortejar as almas das pessoas para Cristo: "Somos embaixadores da parte de Cristo, como se Deus por nós rogasse. Rogamo-vos, pois, da parte de Cristo, que vos reconcilieis com Deus" (2 Coríntios, 5:20). Lemos, em Mateus, 22, sobre um certo rei que fez um casamento para seu filho e enviou seus servos para trazer convidados. A pregação do Evangelho por ministros fiéis é o principal meio que Deus usa para trazer os santos para a comunhão com o seu noivo espiritual, como diz o apóstolo, "porque vos tenho preparado para vos apresentar como uma virgem pura a um marido, a saber, a Cristo" (2 Coríntios, 11:2).

16 DE NOVEMBRO

"Eis que a sua alma está orgulhosa, não é reta nele; mas o justo pela sua fé viverá." Habacuque, 2:4

Os judeus da época de Jesus eram geralmente seguidores dos fariseus, que se vangloriavam de sua retidão moral. No capítulo 18 de Lucas, Cristo descreve: "Senhor", diz um fariseu, "graças te dou, porque não sou como os outros homens, roubadores, injustos, adúlteros". Ele se vangloriava por depender das obras para sua justificação. E Cristo nos diz: "O publicano, porém, batia no peito, dizendo: Ó Deus, tem misericórdia de mim, pecador", e afirma que esse cobrador de impostos "desceu justificado para sua casa [...] porque qualquer que a si mesmo se exalta será humilhado, e qualquer que a si mesmo se humilha será exaltado" (Lucas, 18:14).

17 DE NOVEMBRO

"Bem-aventurado o homem a quem o Senhor não imputa o pecado." Romanos, 4:8

Paulo diz que não podemos ser justificados pelas obras da lei, e seu argumento para provar isso é que ela foi dada muito tempo depois da aliança com Abraão, como lemos em Gálatas, 3:17, que a promessa foi confirmada por Deus em Cristo, quatrocentos e trinta anos depois. O apóstolo fala da "promulgação da lei", que ocorreu no Monte Sinai (Êxodo 19, 20), consistindo nos dez mandamentos. Já no capítulo 8 de sua epístola aos Romanos ele esclarece detalhes, ao afirmar que somos salvos "pela fé, para que seja segundo a graça, a fim de que a promessa seja firme a toda a posteridade, não somente à que é da lei, mas também à que é da fé que teve Abraão, o qual é pai de todos nós" (Rom., 4:16).

18 DE NOVEMBRO

"Orando em todo o tempo com toda a oração e súplica no Espírito, e vigiando nisto com toda a perseverança e súplica por todos os santos."
Efésios, 6:18

O espírito de oração é santo, gracioso, cheio de graça e súplica: "Derramarei sobre a casa de Davi e sobre os habitantes de Jerusalém o espírito de graça e de súplicas" (Zacarias, 12:10). O verdadeiro espírito de oração não é outro senão o próprio Espírito de Deus que habita nos corações dos santos. E assim como esse espírito vem de Deus, ele naturalmente leva a Deus, em uma conversa com Ele pela oração. O verdadeiro convertido vigia e ora, para não cair em tentação, porque o espírito está pronto, mas a carne é fraca (Mateus, 26:41). Ele tem consciência de que sem Deus nada pode fazer.

19 DE NOVEMBRO

"O Deus de paz vos santifique em tudo; e todo o vosso espírito, e alma, e corpo, sejam plenamente conservados irrepreensíveis para a vinda de nosso Senhor Jesus Cristo." 1 Tessalonicenses, 5:23

Onde quer que exista um verdadeiro espírito de súplica, existe o espírito de graça. A verdadeira conversão faz a alma perceber sua dependência de Deus para tudo. Um verdadeiro convertido tem consciência de que sua graça é imperfeita, passa a ter fome e sede de justiça, e que ainda precisa continuamente da ajuda de Deus, que prometeu aos verdadeiros santos que faria com eles uma aliança eterna de não se desviar de fazer-lhes o bem (Jeremias, 32:40). "Fiel é aquele que vos chama, e que também o fará" (1 Tessalonicenses, 5:24).

20 DE NOVEMBRO

"Os retos fazem o seu caminho desviar-se do mal; o que guarda o seu caminho preserva a sua alma." Provérbios, 16:17

O verdadeiro amor a Deus procura agradar a Ele em tudo e conformar-se à Sua vontade. Somos abundantemente instruídos nas Escrituras de que os verdadeiros cristãos levam uma vida santa, para seguirmos a paz com todos, "e a santificação, sem a qual ninguém verá o Senhor" (Hebreus, 12: 14). João nos diz que "todo aquele que nele tem esta esperança purifica-se a si mesmo, como também ele é puro" (1 João, 3:3). O profeta Isaías (35:8) disse que haverá uma estrada e um caminho, e será chamado caminho santo. Levar uma vida santa é levar uma vida devotada a Deus, consagrada ao serviço de Deus. Uma vida santa é uma vida de fé no Filho de Deus.

21 DE NOVEMBRO

"Perseverai em oração, velando nela com ação de graças."
Colossenses, 4:2

A perseverança no dever da oração é muito enfatizada no Novo Testamento, como diz Lucas (18:1), que Jesus contou uma parábola sobre a necessidade de orar sempre e não desfalecer. Novamente, Lucas (21:36) diz: "Vigiai, pois, em todo o tempo". Temos o exemplo de Ana, a profetisa, apresentada em Lucas, 1:36, a qual, embora tivesse vivido mais de cem anos, nunca se cansou de orar. Diz-se: "Ela não saiu do templo, mas serviu a Deus, com jejuns e orações, noite e dia". Paulo, nas suas epístolas, insiste muito na constância desse dever "perseverai na oração", ele diz (Romanos, 12:12). Em Efésios, 6:18-19, diz "Orando sempre com toda oração e súplica no Espírito, e vigiando com toda perseverança".

22 DE NOVEMBRO

"A fé, se não tiver as obras, é morta." Tiago, 2:17

Paulo esclareceu que é preciso fazer a vontade de Deus para alcançar a promessa. Mais adiante, diz que o justo deve viver pela fé, pois, se recuar, Deus não terá prazer nele. E continua, "nós não somos daqueles que recuam para a perdição, mas daqueles que creem para a salvação da alma" (Hebreus, 10:36,38). Muitos pensam que, pelo fato de estarem convertidos, não precisam fazer mais nada para irem para o céu. Na verdade, quem crê em Cristo recebe Sua justiça e as promessas, mas guardar os mandamentos é necessário. Uma evidência é que o Senhor faz o bem aos que são retos de coração, mas os que se desviam para caminhos tortuosos, Ele os guiará com os que praticam a iniquidade (Salmos, 125:4-5).

23 DE NOVEMBRO

"Escondi a Tua palavra no meu coração, para eu não pecar contra Ti."
Salmos, 119:11

Jesus disse que a fé verdadeira é a obediência à Sua palavra aos judeus que creram n'Ele: "Se vós permanecerdes na minha palavra, verdadeiramente sereis meus discípulos" (João, 8:31). Paulo diz aos Hebreus (3:14): "Seremos feitos participantes de Cristo, se mantivermos firme o início da nossa confiança até o fim". A perseverança conduz à vida. Por isso, Cristo exorta a igreja de Filadélfia a perseverar na santidade: "guarda o que tens, para que ninguém tome a tua coroa" (Apocalipse, 3:11). É uma necessidade não apenas andar no caminho reto, mas também ser encontrado nele quando Cristo vier (Mateus, 24:46). Persistir até o fim é uma condição da salvação (Marcos, 13:13).

24 DE NOVEMBRO

"Os que confiam no Senhor serão como o monte de Sião, que não se abala, mas permanece para sempre." Salmos, 125:1

Os que perseveram na vigilância são os que mantêm a santidade em suas vidas, pois guardam os mandamentos de Deus. É uma promessa do pacto da graça que os santos serão assim: "E lhes darei um só coração, e um espírito novo porei dentro deles; e tirarei da sua carne o coração de pedra, e lhes darei um coração de carne; para que andem nos meus estatutos, e guardem os meus juízos, e os cumpram; e eles me serão por povo, e eu lhes serei por Deus" (Ezequiel, 11:19-20). Paulo advertiu para os irmãos não se desviarem, "Vigiai, estai firmes na fé" (1 Coríntios, 16:13), lembrando-lhes de que quem estiver em pé deve cuidar para não cair (1 Coríntios, 10:12).

25 DE NOVEMBRO

"Olhai por vós mesmos, para que não percamos o que temos ganho, antes recebamos o inteiro galardão." 2 João, 1:8

As escrituras advertem os cristãos para que cuidem diligentemente de si mesmos para não se desvirem. Paulo, em Hebreus, 3:12-13, diz: "Vede, irmãos, que nunca haja em qualquer de vós um coração mau e infiel, para se apartar do Deus vivo. Antes, exortai-vos uns aos outros todos os dias [...], para que nenhum de vós se endureça pelo engano do pecado". Já Pedro alertou os santos a buscarem crescer na graça e no conhecimento de Jesus Cristo, bem como a cuidarem para não serem levados pelo engano de pessoas abomináveis, de modo a abandonar a perseverança (2 Pedro, 3:17-18). "Porque nós, os que temos crido, entramos no repouso" (Hebreus, 4:3).

26 DE NOVEMBRO

"Não presumas do dia de amanhã, porque não sabes o que ele trará."
Provérbios, 27:1

Devemos nos comportar todos os dias como se não dependêssemos de nenhum outro dia. O desígnio do sábio nesse livro de Provérbios é nos ensinar como devemos fazer bom aproveitamento do tempo e das oportunidades de que desfrutamos, comportamento frequentemente mencionado nas Escrituras como uma grande parte da verdadeira sabedoria: "Ensina-nos a contar os nossos dias, de tal maneira que alcancemos corações sábios" (Salmos, 90:12). O sábio nos conta a razão dada para esse preceito: "Tudo quanto te vier à mão para fazer, faze-o conforme as tuas forças, porque na sepultura, para onde tu vais, não há obra nem projeto, nem conhecimento, nem sabedoria alguma" (Eclesiastes, 9:10).

27 DE NOVEMBRO

"A manifestação do Espírito é dada a cada um, para o que for útil."
1 Coríntios, 12:7

Paulo explicou que pelo mesmo Espírito é dada a fé, os dons de curar, de profetizar, de discernir espíritos, entre outros, mas um só Espírito opera todas as coisas, repartindo particularmente a cada um como quer (1 Coríntios, 12:8,12), porque "Todos nós fomos batizados em um Espírito", concluindo que devemos procurar com zelo os melhores dons. Pedro disse que os santos de épocas mais antigas "falaram movidos pelo Espírito Santo" (2 Pedro, 1:21). O Espírito de Deus nos influencia para uma vida santa. Cristo disse, em João, 14:12, que os que creem n'Ele farão obras maiores ainda. O amor cristão nos torna mais parecidos com Jesus, capazes até de realizar milagres.

28 DE NOVEMBRO

"Todo o pecado e blasfêmia se perdoará; mas a blasfêmia contra o Espírito não será perdoada." Mateus, 12:31

Paulo foi privilegiado com os dons do Espírito, mas declarou que sem caridade todos eles não são nada. Pessoas podem ter dons e ainda assim ir para o inferno, como Judas Iscariotes. Cristo nos diz que muitos que os tiveram serão, no último dia, considerados praticantes da iniquidade (Mateus, 7:22-23). Alguém com dons extraordinários que cometa pecado contra o Espírito Santo é imperdoável, "Porque é impossível que os que já uma vez foram iluminados, e provaram o dom celestial, e se fizeram participantes do Espírito Santo, [...] e recaíram, sejam outra vez renovados para arrependimento; pois [...] de novo crucificam o Filho de Deus" (Hebreus, 6:4,6).

29 DE NOVEMBRO

"Bem-aventurado o homem que sofre a tentação; porque, quando for provado, receberá a coroa da vida." Tiago, 1:12

O apóstolo Pedro diz que as provações trazem benefícios para a religião verdadeira. Primeiro, a verdade é manifestada, pois podem distinguir entre a religião verdadeira e a falsa, por isso são chamadas de provações, porque testam a fé e a religião dos professos, de que tipo é, como o ouro é provado no fogo. E a fé dos verdadeiros cristãos, após ter sido provada, é "achada em louvor, honra e glória" (1 Pedro, 1:7). A verdadeira virtude nunca parece tão adorável como quando está sob as maiores provações, pois purificam e aumentam a fé, confirmando-a, tornando-a mais viva e vigorosa, e purificando-a daquelas coisas que obscureceram seu brilho e glória.

30 DE NOVEMBRO

"Aquele que ouve a minha palavra, e crê n'Aquele que me enviou, tem a vida eterna e não entrará em condenação; mas passou da morte para a vida." João, 5:24

As Escrituras dizem que somos justificados ou condenados. Agora, o que significa justificar uma pessoa como sujeito de uma lei ou regra, senão julgá-la segundo essa regra? Justificar uma pessoa num caso particular é absolvê-la em julgamento. Mas é necessário mais do que não ter a culpa do pecado. Cristo não foi justificado até que Ele tivesse feito a obra que o Pai lhe havia designado, e guardado os mandamentos ao passar por todas as provações. "Cristo padeceu uma vez pelos pecados, o justo pelos injustos, para levar-nos a Deus" (1 Pedro, 3:18), então "foi justificado no Espírito, visto dos anjos, pregado aos gentios, crido no mundo, recebido acima na glória" (1 Timóteo, 3:16). A justificação de um crente é sua admissão à comunhão com Cristo, que sofreu o castigo do pecado, como o apóstolo diz: "O qual foi entregue por nossos pecados e ressuscitou para nossa justificação" (Romanos, 4:25).

A justificação de um crente implica não apenas a remissão dos pecados, ou a absolvição, mas também a admissão à recompensa da justiça, como ensinado em Romanos, 5:1-2: "Sendo, pois, justificados pela fé, temos paz com Deus, por meio de nosso Senhor Jesus Cristo, pelo qual também temos entrada pela fé a esta graça, na qual estamos firmes, e nos gloriamos na esperança da glória de Deus". Assim, a remissão de pecados e a herança dos santificados são obtidas conjuntamente pela fé em Cristo.

Embora o pecador seja de fato justificado nos primeiros atos de fé, a perseverança da fé é levada em consideração como uma coisa da qual depende a adequação da aceitação à vida. Deus, no ato de redenção, no ato de justificação que ocorre quando o pecador crê pela primeira vez, tem respeito pela perseverança, como estando virtualmente contida naquele primeiro ato de fé, que é visto, considerado e aceito por Aquele que justifica. Devemos acreditar, de acordo com as claras e abundantes revelações da Palavra de Deus, que não é nossa excelência, virtude ou justiça que é a base para sermos transportados de um estado de condenação para um estado de aceitação aos olhos de Deus, mas somente a redenção de Jesus Cristo, a qual nos concede dignidade recebida pela fé em Sua justiça.

1º DE DEZEMBRO

"E Elias veio a todo o povo e disse: Até quando hesitareis entre duas opiniões? Se o Senhor é Deus, segui-o; mas se for Baal, siga-o." 1 Reis, 18:21

Antes de conceder misericórdia ao povo, Deus primeiro faz que abandonem os pecados que provocaram julgamentos. Temos um exemplo na época de grande fome em Israel, sem chuva três anos e meio por causa de sua idolatria. Deus enviou Elias para levar as pessoas ao arrependimento. Elias reuniu todo o Israel no monte Carmelo, bem como todos os 450 profetas de Baal, e os 400 profetas de Jezabel, a fim de ver se Jeová ou Baal era o verdadeiro Deus. Elias propôs que cada grupo tomasse um novilho, o colocasse sobre a lenha. Então, o Deus que respondesse com fogo era o verdadeiro.

O texto contém um relato de que Elias zombava dos profetas de Baal, dizendo que ele não os atendia porque teria saído ou que estaria dormindo. Pouco depois, Elias reedifica o altar, coloca os retalhos do novilho e a lenha, pede que as pessoas enxarquem tudo com água, e clama ao Senhor para que responda, a fim de que o povo reconheça a Deus, e que volte o seu coração a Ele. "Então caiu fogo do Senhor, e consumiu o holocausto, e a lenha, e as pedras, e o pó, e ainda lambeu a água que estava no rego" (1 Reis, 18:37-38).

O caso em Israel mostra como alguns precisam decidir a qual Deus devem adorar. Deus disse a Elias, que "ele ainda havia deixado em Israel sete mil que não dobraram os joelhos a Baal, e cujas bocas não o beijaram" (1 Reis, 19:18). Decida hoje a qual Deus seguir!

2 DE DEZEMBRO

"E vieram os seus discípulos, pegaram o corpo e o sepultaram, e foram contar a Jesus." Mateus, 14:12

Quando um ministro evangélico é levado pela morte, os que estão enlutados devem levar suas tristezas a Jesus. Por ocasião da morte de João Batista, que pregou o Evangelho do reino de Deus, cruelmente assassinado por Herodes, por instigação de Herodias, por ter exposto sua maldade incestuosa – momento triste para os discípulos de João –, eles buscaram a Jesus para terem conforto e ajuda. Cristo tem tudo o que as pessoas precisam sob o luto, conforto para qualquer aflição. Por isso fez o convite àqueles que "trabalham e estão sobrecarregados", oferecendo apoio divino, ajuda para a viúva e o órfão, para todos os que vêm a Ele derramar suas tristezas.

3 DE DEZEMBRO

"Como as aflições de Cristo são abundantes em nós, assim também é abundante a nossa consolação por meio de Cristo." 2 Coríntios, 1:5

Cristo manifesta compaixão por Seu povo. Ele foi o exemplo mais maravilhoso de um espírito terno e compassivo que já apareceu no mundo. Quantas vezes lemos sobre Sua compaixão! "Jesus chamou os seus discípulos e disse-lhes: Tenho compaixão da multidão" (Mateus, 15:32). Ele se compadeceu do homem possuído por demônios (Marcos, 5:19); sentiu pena da viúva, que estava enlutada de seu filho (Lucas, 7:13). Seus discursos foram cheios de compaixão, especialmente os que pronunciou um pouco antes de Sua morte, nos capítulos 13, 14, 15 e 16, de João. Seus milagres foram quase universalmente atos de piedade para com pessoas aflitas.

4 DE DEZEMBRO

"Também nos elegeu n'Ele antes da fundação do mundo, para que fôssemos santos e irrepreensíveis diante d'Ele em amor; e nos predestinou para filhos de adoção por Jesus Cristo." Efésios, 1:4-5

Os verdadeiros cristãos são escolhidos por Deus dentre o resto da humanidade. Essa "eleição" significa uma escolha, pois os salvos são encontrados misturados, como o joio e o trigo. Nenhuma excelência nos eleitos é o motivo que leva Deus a os escolher. A eleição ocorre apenas por Sua boa vontade. Não existe nenhuma distinção neles que faça que Deus os escolha em vez dos demais. Deus não escolhe as pessoas porque são excelentes, mas as torna excelentes porque as escolheu. Não é porque Deus as considera santas que Ele as escolhe, mas Ele as escolhe para que sejam santas.

5 DE DEZEMBRO

"Tem piedade de nós, ó Senhor, tem piedade de nós, pois estamos assaz fartos de desprezo." Salmos, 123:3

A misericórdia que Deus demonstra a um pecador, quando o leva a Jesus Cristo, é a maior e mais maravilhosa demonstração de amor a que as pessoas estão sujeitas. Deus expressa grandemente Sua misericórdia e bondade, como as que concedeu ao Seu povo no Egito. O Altíssimo nos faz ver nossa culpa e miséria antes de revelar o grande amor em Jesus Cristo. Quando Deus pretende mostrar misericórdia aos pecadores, Ele primeiro os leva a refletir sobre si mesmos e a considerar sobre o que são e em que condição se encontram. Essa é a maneira de Deus lidar conosco, quando vai dar notáveis manifestações de Seu favor, oferecendo Sua misericórdia e amor em Jesus Cristo.

6 DE DEZEMBRO

"Como faria eu tamanha maldade, e pecaria contra Deus?"
Gênesis, 39:9

Deus é um ser infinitamente amável, tem infinitas grandeza, majestade e glória. Sua autoridade sobre nós é infinita, e Seu direito à nossa obediência é infinitamente forte, pois Ele é digno de ser obedecido, porque temos uma dependência absoluta d'Ele. O pecado contra Deus é considerado um crime merecedor de punição infinita, mas pode ser perdoado. A declaração que Davi fez, quando reconheceu as próprias transgressões, foi um pedido de limpeza total: "Tem misericórdia de mim, ó Deus, segundo a Tua benignidade; apaga as minhas transgressões, segundo a multidão das Tuas misericórdias" (Salmos, 51:1). Se houver algum mal ou pecado contra Deus, certamente deve ser reconhecido, para que seja perdoado.

7 DE DEZEMBRO

"Sejamos sóbrios, vestindo-nos da couraça da fé e do amor, e tendo por capacete a esperança da salvação." 1 Tessalonicenses, 5:8

Em sua epístola aos romanos, Paulo diz: "A noite é passada, e o dia é chegado. Rejeitemos, pois, as obras das trevas, e vistamo-nos das armas da luz" (Romanos, 13:12). Pessoas verdadeiramente religiosas tremem diante da Palavra de Deus. É a sua santidade que os faz temer. O temor de Deus é uma grande parte da sabedoria. A esperança em Deus, a fé e o amor constituem a parte mais importante da verdadeira religião, como mencionado em 1 Coríntios, 13:13. Já o salmista diz: "Feliz aquele cuja esperança está no Senhor" (Salmos, 146:5). E o apóstolo diz ser uma âncora segura e firme da alma (Hebreus, 6:19).

8 DE DEZEMBRO

"Não sabeis que o vosso corpo é o templo do Espírito Santo, que habita em vós, proveniente de Deus, e que não sois de vós mesmos? Porque fostes comprados por bom preço; glorificai, pois, a Deus no vosso corpo, e no vosso espírito, os quais pertencem a Deus."
1 Coríntios, 6:19-120

O zelo é considerado uma parte essencial da verdadeira religião. É o que Cristo tinha em mente para nós quando pagou pela nossa redenção: "O qual se entregou por nós, para nos redimir de toda iniquidade e purificar para si um povo peculiar, zeloso de boas obras" (Tito, 2:14). Foi também o sentimento essencial que faltava aos mornos de Laodiceia (Apocalipse, 3:15-16). E no mesmo capítulo (verso 3) lemos esta afirmação: "Quem tem ouvidos, ouça o que o Espírito diz às igrejas".

9 DE DEZEMBRO

"Já estou crucificado com Cristo; e vivo, não mais eu, mas Cristo vive em mim." Gálatas, 2:20

Devemos seguir o exemplo de Paulo em seu grande amor a Cristo. Muitos viram como o apóstolo agiu, como trabalhou e como sofreu, e não puderam entender o motivo mundano. Eles se perguntaram o que foi que o influenciou tão maravilhosamente. O apóstolo diz que o amor forte e intenso de seu glorioso Senhor e Mestre o constrangeu a que ele não pudesse fazer outra coisa senão esforçar-se, trabalhar e buscar sua salvação. "O amor de Cristo nos constrange" (2 Coríntios, 5:14). Ele nos diz que "considerou todas as coisas como perda pela excelência do conhecimento de Cristo Jesus" (Filipenses, 3:8), bem como que foi "chamado para apóstolo, separado para o evangelho de Deus" (Romanos, 1:1).

10 DE DEZEMBRO

"Tudo quanto fizerdes, fazei-o de todo o coração, como ao Senhor."
Colossenses, 3:23

Paulo expressou que fomos "justificados pela fé [...] na qual estamos firmes, e nos gloriamos na esperança da glória de Deus" (Romanos, 5:1-2). Ele sentiu uma afeição sagrada em sua alma, e triunfou no seu amor a Cristo mesmo em meio a sofrimentos: "Quem nos separará do amor de Cristo? Será tribulação, ou angústia, ou perseguição, ou fome, ou nudez, ou perigo, ou espada? Como está escrito: Por tua causa somos mortos o dia todo; somos considerados ovelhas para o matadouro. Mas em todas estas coisas somos mais que vencedores, por meio d'Aquele que nos amou" (Romanos, 8:35,37). Mesmo com dificuldade, devemos fazer um pouco ou estar dispostos a gastar um pouco para o avanço do reino de Cristo.

11 DE DEZEMBRO

"A ninguém devais coisa alguma, a não ser o amor com que vos ameis uns aos outros; porque quem ama aos outros cumpriu a lei."
Romanos, 13:8

As Escrituras nos ensinam que todo o nosso dever se resume no amor, o que é a soma de tudo o que é exigido pela lei, toda a Palavra escrita de Deus. Assim, no verso 10, o apóstolo diz que "o amor é o cumprimento da Lei". Cristo nos ensina que de "amar a Deus de todo o coração, de toda a alma, e de todo o pensamento, e ao próximo como a nós mesmos, dependem toda a lei e os profetas" (Mateus, 22:37,40). Em razão de o amor ser a soma do que a lei exige, ela só pode ser cumprida no amor. Por isso, Paulo diz que "o fim do mandamento é o amor (1 Timóteo, 1:5)". E o apóstolo Tiago (1:8) adverte: "Se cumprirdes, conforme a Escritura, a lei real: Amarás a teu próximo como a ti mesmo, bem fazeis".

12 DE DEZEMBRO

"Ele era a candeia que ardia e alumiava." João, 5:35

Aquele discurso de nosso abençoado Salvador, do qual temos um relato no quinto capítulo de João, do versículo 17 até o fim, foi ocasionado pela murmuração dos judeus contra Ele e pela perseguição por ter curado o homem deficiente no tanque de Betesda, pedindo a ele para pegar sua cama e caminhar no sábado. Cristo afirma Sua comunhão com Deus, o Pai. E assim, mostrando-se como Senhor do sábado, declarou que Deus descansou de todas as suas obras no sétimo dia, mas que, na verdade, Ele continua a trabalhar com respeito à sua maior obra, a redenção que realiza por Jesus Cristo, seu Filho. Mais adiante, diz: "Quem ouve a minha palavra, e crê naquele que me enviou, tem a vida eterna" (João, 5:24).

13 DE DEZEMBRO

"Porque aquele que Deus enviou fala as palavras de Deus." João, 3:34

João Batista era uma luz brilhante, tendo mais do Evangelho em sua pregação do que os profetas anteriores, exibindo com maior clareza, apontando mais claramente a pessoa que seria o grande Redentor e declarando Sua missão de tirar o pecado do mundo, como um cordeiro oferecido em sacrifício a Deus. Falou sobre a necessidade de que todos, mesmo o mais estritamente religioso, deveriam ser batizados com o Espírito Santo e com fogo. Assim ele deu conhecimento da salvação ao povo de Deus. Entre os que nasceram de mulheres, não surgiu alguém maior do que João. Superou todos os outros profetas, pois a estrela da manhã reflete mais a luz do Sol do que qualquer outra estrela, e é a mais brilhante de todas as estrelas.

14 DE DEZEMBRO

"Faz dos seus anjos espíritos, dos seus ministros um fogo abrasador." Salmos, 104:4

Quando há luz num ministro, consistindo em aprendizagem humana, grande conhecimento e sabedoria deste mundo, calor e ardor espiritual em seu coração, e um zelo santo em suas ministrações, sua luz é como a luz que brilha no escuro. Tendo luz e calor unidos neles, serão como os anjos de luz, que por sua luz e brilho são chamadas de estrelas da manhã. "Quando as estrelas da manhã cantavam juntas, e todos os filhos de Deus gritavam de alegria" (Jó, 38:7). E por causa desse santo ardor de amor e zelo divino são comparados a um fogo abrasador, pois, sendo ministros do Evangelho, serão como seu glorioso Senhor e Mestre, cujo brilho é como a luz do Sol. E assim "conhecemos e cremos no amor que Deus tem por nós. Deus é amor, e quem está em amor está em Deus, e Deus nele" (1 João, 4:16).

15 DE DEZEMBRO

"Resplandeça a vossa luz diante dos homens, para que vejam as vossas boas obras e glorifiquem a vosso Pai, que está nos céus." Mateus, 5:16

Nosso ofício é muito honroso, pois fomos designados por Cristo para ser luzes no mundo. E não há nada que demonstre mais a bondade de Deus como as luzes do céu, especialmente o Sol, que ilumina e vivifica com seus raios. Os ministros são tão honrados por seu grande Senhor e Mestre, que são designados para serem para as almas das pessoas o que as luzes do céu são para seus corpos, os instrumentos da maior bondade de Deus, entregando os frutos mais preciosos de Seu amor eterno a elas, trazendo vida, refrigério e alegria, benéficos infinitamente mais preciosos do que qualquer outro recebido pelos raios benignos do Sol.

16 DE DEZEMBRO

"Vós, que dizeis: Hoje, ou amanhã, iremos a tal cidade, e lá passaremos um ano, e contrataremos, e ganharemos, digo-vos que não sabeis o que acontecerá amanhã. Porque, que é a vossa vida? É um vapor que aparece por um pouco, e depois se desvanece. Em lugar do que devíeis dizer: Se o Senhor quiser, e se vivermos, faremos isto ou aquilo." Tiago, 4:13,15

O apóstolo Tiago advertiu aos que acumulavam riquezas nesta vida, em vez de viverem fiel e obedientemente, com o alvorecer da eternidade à vista. Ele repreende os que encaram a vida apenas pelo materialismo, sem uma finalidade espiritual. Ao usar a imagem do "vapor", emprega uma antiga metáfora profética (Salmos, 102:3; Jó, 7:7). A névoa da vida está aqui e desaparece assim que Sol da manhã nasce.

17 DE DEZEMBRO

"Recebereis a virtude do Espírito Santo, que há de vir sobre vós; e ser-me-eis testemunhas até aos confins da terra." Atos, 1:8

Os cristãos devem ser instrumentos para trazer outros a Cristo, de modo a receberem Sua luz, serem feitos participantes da vida de alegria plena, devem salvar as almas de seus semelhantes, uma vez que têm as qualificações de ministros do Evangelho. É uma glória estar na posição honrosa em que Cristo os colocou. Aqueles a quem Cristo estabeleceu para serem luzes em sua igreja, e para brilhar no mundo espiritual, brilharão como estrelas para sempre no céu. "E os que forem sábios brilharão como o resplendor do firmamento, e os que conduzem muitos à justiça, como as estrelas para todo o sempre" (Daniel, 12:3).

18 DE DEZEMBRO

"Cada um de nós agrade ao seu próximo no que é bom para edificação." Romanos, 15:2

O amor a Deus e ao próximo implica considerar a Deus e as pessoas na prática, isto é, realizar para com eles tudo o que é nosso dever. O apóstolo diz, em Romanos, 13:10: "O amor não faz mal ao próximo". É evidente que ele quer dizer mais do que expressou, ou seja, que o amor faz todo o bem para o próximo. E como o Paulo ensina, por paridade de razão, o amor a Deus nos faz cumprir nosso dever para com Deus, a principal causa de todas as coisas e a fonte de todo o bem. Assim, a primeira e suprema característica do amor divino é amar Suas criaturas, aquelas feitas à Sua imagem, merecedoras de Sua misericórdia, participantes de Sua amabilidade, com direito a ter felicidade.

19 DE DEZEMBRO

"Guiará os mansos em justiça e aos mansos ensinará o seu caminho." Salmos, 25:9

Deus é o bem maior. O desfrute d'Ele é nossa única felicidade, o deleite com o qual nossas almas podem ficar satisfeitas. Deus é nosso Sol. Toda verdade é dada por revelação, e deve ser recebida pela razão, o meio dado por Deus para compreendermos a verdade que Ele revela em Sua Palavra. Embora Deus queira alcançar o coração com a verdade, Ele não ignora a mente. Uma pessoa verdadeiramente mansa e humilde de coração é sensível à Deus, ciente de sua dependência d'Ele e da insuficiência da própria sabedoria. Sabe que é pelo poder de Deus que é sustentada e que precisa da sabedoria de Deus para guiá-la, e de Seu poder para capacitá-la a fazer o que deve fazer por Ele.

20 DE DEZEMBRO,

"Para que nenhuma carne se glorie perante Ele. Mas vós sois d'Ele, em Jesus Cristo, o qual para nós foi feito por Deus sabedoria, e justiça, e santificação, e redenção; para que, como está escrito: Aquele que se gloria glorie-se no Senhor." 1 Coríntios, 1:29,31

Deus é glorificado na obra da redenção, porque nela passamos a ter dependência absoluta. Somos dependentes de Cristo, o Filho de Deus, pois Ele é nossa sabedoria, justiça, santificação e redenção. Somos dependentes do Pai, que nos deu Cristo e o fez ser essas coisas para nós. Somos dependentes do Espírito Santo, pois é por meio d'Ele que estamos em Cristo Jesus, Ele nos faz ter fé para o receber. Qualquer palavra inconsistente com a nossa total dependência de Deus e ao teor do Evangelho é contrária à Sua glória.

21 DE DEZEMBRO

"Quem tenho eu no céu senão a Ti? e na terra não há quem eu deseje além de Ti." Salmos, 73:25

O bem buscado pela oração é o próprio Deus. "Senhor Deus dos Exércitos, escuta a minha oração; inclina os ouvidos, ó Deus de Jacó!" (Salmos, 84:8). Buscar a Deus, como a expressão às vezes é usada nas Escrituras, significa o favor ou a misericórdia de Deus. Mas pode significar algo mais, que o próprio Deus é o grande bem desejado, que as bênçãos buscadas são Sua presença graciosa. O salmista desejou a Deus, teve sede d'Ele e o buscou (Salmos, 63:1, 2, 8). As Escrituras mostram o caráter peculiar dos santos, aqueles que buscam a Deus (Salmos, 24:6). Ao buscarmos ao Senhor devemos desejar Sua presença graciosa, que Ele muitas vezes prometeu e a qual Sua igreja sempre espera.

22 DE DEZEMBRO

"Para que vos conduzísseis dignamente para com Deus, que vos chama para o seu reino e glória." 1 Tessalonicenses, 2:12

Cristãos devem fazer o bem aos outros, ajudar nas suas dificuldades, pois existem inúmeros tipos de problemas nos quais as pessoas precisam muito da ajuda dos seus vizinhos e amigos. Muitos estão com fome, ou com sede, ou estrangeiros, ou nus, ou doentes, ou na prisão (Mateus, 25:35-36), e a todos podemos fazer o bem por qualquer forma que possa aumentar seu conforto ou felicidade, seja por uma palavra gentil ou uma ação atenciosa. Quando nossas instruções, conselhos, advertências e bons exemplos são acompanhados de tal bondade exterior, tendem a abrir o caminho para o melhor efeito, e a levar as pessoas a apreciar o bem espiritual.

23 DE DEZEMBRO

"Sede uns para com os outros benignos, misericordiosos." Efésios, 4:32

Devemos fazer o bem tanto aos bons como aos maus, e assim imitar nosso Pai celestial, porque "Ele faz nascer o seu sol sobre maus e bons, e faz chover sobre justos e injustos" (Mateus, 5:45). Devemos fazer o bem especialmente "aos que são da família da fé", ou para os que temos motivos, no exercício da caridade, para considerar santos. Embora devamos abundar em beneficência para com eles, fazer o bem não deve limitar-se a eles. Nenhuma das más qualidades das pessoas deve impedir que lhes façamos o bem, quando tivermos oportunidade. Por isso, devemos ser diligentes em beneficiá-las, para que possamos ganhá-las para Cristo, e especialmente devemos ser diligentes em ajudá-las nas coisas espirituais.

24 DE DEZEMBRO

"Glória a Deus nas alturas, Paz na terra, boa vontade para com os homens." Lucas, 2:14

A glória de Deus é a emanação da Sua excelência. Sua infinita condescendência apareceu maravilhosamente no nascimento de Jesus num estábulo, porque não havia lugar na estalagem. A pousada foi ocupada por outros que eram considerados pessoas de maior importância. A Santíssima Virgem foi rejeitada. Embora ela estivesse em circunstâncias tão extremas, aqueles que se consideravam superiores não lhe deram lugar, e no momento de suas dores de parto, o menino nasceu envolto em panos e deitado numa manjedoura. Ali Cristo apareceu como um cordeiro. Ele veio para subjugar os poderes das trevas, restaurar a paz na terra, e manifestar a boa vontade de Deus para com os homens, e trazer glória a Deus.

25 DE DEZEMBRO

"E tu, ó menino, serás chamado profeta do Altíssimo, porque hás de ir ante a face do Senhor, a preparar os seus caminhos; para dar ao seu povo conhecimento da salvação, na remissão dos seus pecados; pelas entranhas da misericórdia do nosso Deus, com que o Oriente do alto nos visitou; para iluminar aos que estão assentados em trevas e na sombra da morte; a fim de dirigir os nossos pés pelo caminho da paz." Lucas, 1:76,79

Deus é a fonte de onde todas as coisas se originam, e Ele busca o bem de Suas criaturas. E ao comunicar-lhes Sua plenitude, está em união e comunhão com elas, para que possam conhecer, estimar, amar, regozijar-se e O louvar. Embora Cristo tenha nascido em circunstâncias pobres, Sua majestade e Sua divindade e glória divinas brilham desde que apareceu, porque Ele não é apenas o Filho do homem, mas também o Salvador da humanidade.

26 DE DEZEMBRO

"O Senhor Deus é um sol e escudo; o Senhor dará graça e glória; não retirará bem algum aos que andam na retidão." Salmos, 64:11

Quando preenchemos nossas vidas com a prática do bem, Deus coloca sobre nós a grande honra de nos tornar uma bênção para o mundo, uma honra como a que Ele colocou sobre Abraão, quando disse: "E far-te-ei uma grande nação, e abençoar-te-ei e engrandecerei o teu nome; e tu serás uma bênção" (Gênesis, 12:2). À medida que Deus nos faz instrumentos para fazer o bem aos outros, Ele nos torna semelhantes aos corpos celestes, o Sol, a Lua e as estrelas, que abençoam o mundo ao irradiarem sua luz. Sim, Ele nos torna semelhantes a Ele, a grande fonte de todo o bem, que está sempre derramando Suas bênçãos sobre a humanidade.

27 DE DEZEMBRO

"Preparai o caminho do Senhor, Endireitai as suas veredas." Marcos, 1:3

Considere quão bondosos Deus e Cristo têm sido conosco e quantas bênçãos recebemos deles. As misericórdias divinas são novas para nós todas as manhãs. E coisas boas ainda maiores Deus concedeu para nosso bem espiritual e eterno, Ele nos deu o que é mais valioso: Seu Filho unigênito e bem-amado – o maior presente que poderia conceder. E Cristo não apenas fez, mas também sofreu grandes coisas, e se entregou para morrer por nós, tudo livremente, sem rancor ou esperança de recompensa. "Embora ele fosse rico" com todas as riquezas do Universo, "por causa de vós ele se tornou pobre, para que pela sua pobreza enriquecêssemos" (2 Coríntios, 8:9). E Deus nos redimiu e nos levou de volta a Cristo, livrando-nos do pecado, justificando-nos e santificando-nos, e dando-nos o direito "a uma herança incorruptível, imaculada e que não se desvanece" (1 Pedro, 1:4).

28 DE DEZEMBRO

"Ao que distribui mais se lhe acrescenta." Provérbios, 11:24

Grandes recompensas são prometidas àqueles que fazem o bem aos outros. Deus prometeu que "ao misericordioso Ele se mostrará misericordioso" (Salmos, 18:25). Não há nenhum dever mencionado em toda a Bíblia que tenha tantas promessas de recompensa como esse, seja para este mundo ou para o mundo vindouro. Paulo recorda que nosso Salvador diz: "Mais bem-aventurada coisa é dar do que receber" (Atos, 20:35). Aquele que dá generosamente é mais abençoado do que aquele que recebe a generosidade. O que é concedido ao fazer o bem aos outros não se perde, como registrado em Provérbios, 19:17: "Ao Senhor empresta o que se compadece do pobre, ele lhe pagará o seu benefício". É fácil para Deus recompensar tudo o que damos para o bem dos outros. E sobre o que considera os pobres está escrito que "o Senhor o livrará no tempo da angústia" (Salmos, 41:1).

29 DE DEZEMBRO

"Vede que ninguém dê a outrem mal por mal, mas segui sempre
o bem, tanto uns para com os outros, como para com todos."
1 Tessalonicenses, 5:15

Temos o dever de fazer o bem não apenas aos nossos amigos, mas também a todos que são feitos à imagem de Deus. Isso significa que temos também de fazer o bem aos nossos inimigos, pois nosso Salvador diz, em Mateus, 5:44: "Amai a vossos inimigos, bendizei os que vos maldizem, fazei bem aos que vos odeiam, e orai pelos que vos maltratam e vos perseguem; para que sejais filhos do vosso Pai que está nos céus". Fazer o bem a quem nos faz mal é a única retaliação que nos cabe como cristãos, pois somos ensinados a "não recompensar a ninguém o mal com o mal", mas, pelo contrário, a "vencer o mal com o bem" (Romanos, 12:17,21). E o apóstolo Pedro diz: "Não retribuindo mal por mal, ou injúria por injúria, mas, ao contrário, abençoando; sabendo que para isso sois chamados, para que por herança alcanceis a bênção" (1 Pedro, 3:9).

30 DE DEZEMBRO

"Prosperidade e riquezas haverá na sua casa, e a sua justiça
permanece para sempre." Salmos, 112:3

Ao praticarmos a caridade cristã, acumularemos tesouros no céu e receberemos recompensas na eternidade. Esse é aquele acúmulo de tesouros sobre o qual Cristo fala em Lucas, 12:33, e o qual declara em Lucas, 14:13-14. Embora os pobres a quem beneficiamos não possam nos retribuir, seremos recompensados na ressurreição dos justos. Então, é a melhor maneira de nos prepararmos para a eternidade. Quando Cristo vier a julgar os vivos e os mortos, e todas as pessoas forem reunidas diante d'Ele, então, para aqueles que foram gentis e benevolentes, no verdadeiro espírito do amor cristão, Ele dirá: "Vinde, benditos de meu Pai, possuí por herança o reino que vos está preparado desde a fundação do mundo" (Mateus, 25:34).

31 DE DEZEMBRO

"As coisas que o olho não viu, e o ouvido não ouviu, e não subiram ao coração do homem, são as que Deus preparou para os que o amam." 1 Coríntios, 2:9

Qualquer que seja o grau em que nos regozijarmos em Deus agora, é apenas uma vaga antecipação da festa eterna que desfrutaremos no céu. Teólogos e místicos falam muitas vezes da experiência consumada da glória de Deus como a visão beatífica, o que significa uma apreensão intuitiva, imediata e sem precedentes da beleza de Deus (Mateus, 5:8; Apocalipse, 22:4). Muitos acham que é inútil focar no futuro. Eles aderiram ao velho ditado de que as pessoas que o fazem têm "uma mente tão celestial que não têm nenhum bem terreno". Pelo contrário, nunca seremos de muita utilidade nesta vida até que desenvolvamos uma obsessão saudável pela próxima vida. Nossa única esperança de satisfação da alma e alegria do coração nesta vida vem de olhar atentamente para o que não podemos ver (2 Coríntios, 4:16,18; Colossenses, 3:1,4).

O testemunho consistente das Escrituras é que devemos fazer do céu e da sua beleza o objeto da nossa energia contemplativa, não com o propósito de alimentar a especulação teológica, mas de nos preparamos para a vida aqui e agora. Evidentemente, há algo no céu que faz essa antecipação da sua experiência transformar profundamente a nossa vida. E a razão não é difícil de discernir. A essência do céu é a visão de Deus e o eterno desfrute da alegria que Ele nos dará. O céu poderia muito bem ser resumido na declaração: "Eles verão a sua face"! (Apocalipse, 22:4)

ENCONTRE MAIS
LIVROS COMO ESTE

KING
BOOKS